고 통 의 인 문 학

KB191466

고 통 의 인 문 학

아픔넘어

유기쁨 이상철 정경일 최순양 지음

인터하우스

글쓴이들

유기쁨은 한국학중앙연구원 한국학대학원에서 종교학을 전공하여 박사학위를 받았고, 한신대와 감신대에서 학생들을 가르쳤다. 4년 전에 가족과 함께 시골마을로 내려와 작은 집에서 잘생긴 백구 두 마리, 누렁이 한 마리와 함께 살고 있다. 주로 '종교와 생태학' 분야에 관심을 가지고 글을 써왔고, 최근에는 닭을 키우면서 인간과 인간 외 동물과의 관계성에 대해, 나아가 인간이 세계와 맺는 관계에 대해 새로이 생각해보게 되었다. 최근 발표한 논문으로는 「잊힌 장소의 잊힌 존재들: 생태적 위험사회의 관계 맺기와 종교」, 「현대 종교문화와 생태 공공성: 부유하는 '사적(私的)' 영성을 넘어서」, 「핵에너지의 공포와 매혹: 한국인의 핵 경험과 기억의 정치」, 「인간적인 것 너머의 종교학, 그 가능성의 모색: 종교학의 생태학적 전회를 상상하며」 등이 있고, 지은 책으로는 『생태학적 시선으로 만나는 종교』가 있으며, 번

역서로는 『문화로 본 종교학』, 『산호섬의 경작지와 주술: 트로브리안
드 군도의 경작법과 농경 의례에 관한 연구』, 『세계관과 생태학: 종교,
철학, 그리고 환경』, 『원시문화』, 『세계종교로 보는 죽음의 의미』(공
역), 『진짜 예수는 일어나주시겠습니까?』(공역) 등이 있다. 현재 서울
대학교 농업생명과학연구원 선임연구원으로 활동하고 있다.

이상철은 시카고 신학대학원(Chicago Theological Seminary)에서 '레비
나스의 윤리와 민중신학'을 주제로 박사(Ph.D) 학위를 취득하였다
(2014). 현재 크리스챤아카데미 상임이사(원장)이고, 서대문에 위치한
한백교회 담임목사이다. 한신대에서 '기독교와 인문학', '기독교 윤리
학'을 가르치고 있다. 단행본으로 『죽은 신의 인문학』(2018, 돌베개)과
『탈경계의 신학』(2012, 동연)이 있고, 좋은 사람들과 인연이 닿아 『민중
신학, 고통의 시대를 읽다』(2018, 분도출판사), 『가장 많이 알고 있음에도
가장 숙고되지 못한 '십계'에 대한 인문학적 고찰』(2018, 글항아리), 『촛
불 민주화시대의 그리스도인』(2017, NCCK 신학위원회), 『남겨진 자들의
신학』(2015, 동연), 『헤아려본 세월』(2015, 포이에마), 『박근혜정부의 탄생과
신학적 성찰』(동연, 2013) 등의 책에 공저자로 참여하였다. 소장 인문/
신학자들의 모임인 〈인문학밴드: 대구와 카레〉 회원이고, 우리사회
대표적인 진보적 신학집단이라 할 수 있는 '제3시대그리스도교 연구

소가 발행하는 웹진 〈제3시대〉(http://minjungtheology.tistory.com/) 편집 주간이다.

정경일은 유니온 신학대학원(Union Theological Seminary)에서 참여불교와 해방신학을 비교 연구한 논문으로 박사학위를 받았다. 현재 새길기독사회문화원 원장으로 활동하면서 한국민중신학회, 연구공동체 〈평화와 신학〉, 〈대구와 카레〉 등에서 활동하고 있다. 공저로 *Terrorism, Religion, and Global Peace*, 『사회적 영성』, 『고통의 시대, 자비를 생각한다』, 『한국적 작은 교회론』, 『종교 안에서 종교를 넘다』, 『민중신학, 고통의 시대를 읽다』 등이 있고, 역서로는 『신성한 목소리가 부른다』, 『붓다 없이 나는 그리스도인일 수 없었다』(공역)와 주요 논문으로는 "Just-Peace: A Buddhist-Christian Path to Liberation", "Liberating Zen: A Christian Experience", "All Believers Are Prophets: Social Spirituality for the Third Reformation", 「사랑, 지혜를 만나다: 어느 그리스도인의 참여불교 탐구」, 「램프는 다르지만 그 빛은 같다: 정의를 위한 그리스도인과 무슬림의 협력」, 「'종교 이후'의 사회적 영성」 등이 있다.

최순양은 드류(Drew) 대학교에서 "알 수 없는 하나님을 닮은 알 수 없는 인간(The Non-Knowing Self and 'The Impossible' Other)"이라는 제목의 논문으로 박사학위를 취득하였다. 박사학위 논문에서 시작하여 부정신학적 신론과 인간론에 관심을 가지고 있다. 현재 이화여대와 감리교신학대학교에서 '조직신학개론' '포스트모더니즘과 여성신학' 등을 가르치고 있고 이화여대 대학교회에서 청년부 담당 목사로 일하고 있다. 포스트페미니스트라고 불리는 가야트리 스피박, 쥬디스 버틀러의 사상을 신학적 사고에 어떻게 연결시킬 수 있는가가 관심사다. 여성학적 시각이 녹아나 있는 신학적 인간론을 구상해보는 것에 흥미를 가지고 있다. 주요 논문으로는 「스피박의 서발턴의 관점에서 바라본 아시아 여성신학과 민중신학적 담론에 대한 문제제기」와 「한국 개신교의 '가족 강화' 신앙 교육과 여성」이 있고, 공저 『한국신학의 선구자들』에 윤성범에 대한 글을 썼고, 여성신학회 논집 『21세기 세계 여성신학의 동향』에 지도교수 캐서린 켈러를 소개하는 글을 썼다. 그밖에 『남겨진 자들의 신학』, 『위험사회와 여성신학』, 『한국적 생명신학을 논하다』, 『민중신학의 여정』 등의 공저자로 참여하였다. 현재 소장 인문/신학자들의 모임인 〈인문학밴드: 대구와 카레〉 회원으로 활동하고 있다.

서문
고통으로/부터의 말

이 책은 다섯 살배기로 태어났다. 우리 네 사람은 2014년 가을 새길기독사회문화원에서 《고통의 시대, 사회적 영성을 찾아서》라는 주제로 강좌를 열었고, 당시의 강의 원고를 다듬거나 새로 써서 이 책의 초고를 완성했다. 그런데 이 책을 탈고하여 세상에 내놓는 지금은 2019년 가을이다. 어떤 의미에선, 우리는 5년 동안 퇴고를 계속한 셈이다. 초고와 탈고 사이의 시간적 간격은 게으름 때문일 수도 신중함 때문일 수도 있지만, 그보다는 부끄러움 때문이다. 우리는 '세월호 이후'에 고통을 말하고 있기 때문이다.

세월호 이후 고통에 대한 많은 말들이 있었다. 하지만 우리는 고통의 바다에 가라앉은 자에 대해 말할 수 있을까? 우리는 타자의 고통에 대해 말할 수 있을까? 고통에 대한 우리의 말은 파도의 포말처럼 가볍다. 고통의 해변을 맴돌고 고통의 수면 위를 휘도는 말은 불경(不敬)하다. 그것이 부끄럽고 죄스러워서 우리는 차라리 말을 버리고 싶었다.

고통을 겪고 있는 사람은 말하지 못한다. 겨우겨우 신음소리를 낼 수 있을 뿐이다. 그 소리는 너무 부서져 있어서 표음문자로도 옮길 수 없다. 말로 표현될 수도 글로 옮겨질 수도 없는 소리는 침묵에 더 가깝다. 그러나 그 침묵의 소리는 천둥소리보다 크다.

도대체 얼마나 많은 귀가 있어야
사람들의 울부짖는 소리를 들을 수 있을까?
　　　　　　　　　 - 밥 딜런, 〈바람결에 흩날리는(Blowin' in the Wind)〉 中

귀가 열려 고통의 소리를 듣는 순간 우리의 입이 열려 소리가 나온다. 하지만 그것은 우리의 소리가 아니다. 고통의 소리 앞에서 유일하게 가능한, 그리고 인간적이고 경건한 소리는 '메아리'다. 메아리는 소리로부터 나와 소리로 돌아가고, 다시 소리로부터 나와 또 다시 소리로 돌아가는 반복을 통해 증폭된다. 고통으로부터 나오는 메아리는 공감(共感)이다. 우리는 가슴으로 고통을 기록하고 기억하고 알린다. 고통으로 돌아가는 메아리는 공명(共鳴)이다. 그렇게 마주쳐 울리는 메아리를 반복하면서 소리는 서서히 '말'이 된다.

고통에 공감하고 공명하며 우리는 머뭇머뭇 조심스레 말을 고른다. 최순양은 고통에 대해 말하는 것의 "불가능한 가능성(impossible possibility)"을 말한다. 이상철은 고통을 감싸고 있는 진실을 밝혀내고 그 진실의 힘으로 현실의 고통을 생산하는 메커니즘을 해체하는 "고통의 인문학"을 말한다. 유기쁨은 생태위기 시대에 살아있는 존재들의 고통에 귀 기울이고 함께 살아가는 "대안적/대항적 생태공공성"을 말한다. 정경일은 신자유주의적 삶의 불안을 안개의 은유로 들여다보고, 구원으로 가는 길을 비춰주는 "고통 속의 선(善)의 신비"를 말한다.

고통의 소리도 우리의 말도 아직 부서져 잇다. 하지만 우리는 믿는다. 공감의 메아리가 말할 수 없는 이들의 말을 듣게 하고, 공명의 메아리가 말을 잃은 이들에게―그리고 우리에게―말을 되찾아 줄 것을. 그 겨자씨 같은 작은 믿음으로, 여전히 사라지지 않는 부끄러움으로, 고통으로/부터의 작은 메아리를 담아 이 책을 낸다.

세월호 이후 다섯 번째 가을
유기쁨, 이상철, 정경일, 최순양

차례

말할 수 없는 이들에게로:
'서발턴(subaltern)'의 재해석

최순양

여는 말: '평범' 속의 폭력

사자성어 중에 '인지상정(人之常情)'이라는 말이 있다. 사람으로서 마땅히 가져야 할 마음자세를 표현할 때 쓰는 말이다. "인간의 탈을 쓰고 어떻게 그런 일을 할 수가 있는가?"라든가, "엄마가 어떻게 자식을 버릴 수 있는가?" 주로 이런 의문을 가질 때 묻게 되는 인간의 심정이지만, 한편으로는 이런 평범함과 인간이면 가져야 하는 '성정(性情)'이 어떤 이에게 판단과 정죄의 잣대로 다가가고 결국엔 마음에 상처를 주는 일도 있다.

보편성을 무기로 하는 우리의 사고방식이란 때로 위험할 수 있기 때문이다. "나도 겪어 봐서 아는데, 나에게는 그렇게 어렵지 않았다."를 비롯해서, "나에게처럼 너에게도 그럴 것이다," "나에게는 그다지 심각한 일이 아닌데 너에게는 왜 그것이 그렇게도 힘이 드느냐?" 등등의 사고방식이 자리 잡고 있는데, 이러한 생각의 중심은 늘 '나'다. 내가 곧 법이고 진리다. 나의 경험과 사고방식에는 실수나 오판이 없다고 착각할 때가 많다.

인간은 누구나 자신의 경험을 무기로 삼는다. "내가 학생이었을 때", "내가 소싯적에", "나도 겪어 봤는데…" 등으로 시작하는 말은 주로 더 많이 살아본 사람이 젊은 사람들에게 그것밖에 못하냐는 식의 책망을 할 때 쓰는 말이다. 아주 오래 전 가수 김광석이 콘서트에서 했던 이야기가 기억난다. 김광석은 키가 그리 크지 않았던 사람이다. 후배에게 김광석이 "내가 너만 했을 때는 말이야."라고 말을 하니 그 후배가 그에게 이렇게 말했다고 한다. "형이 언제 나만해 봤어?"(그 후배는 김광석보다 키가 컸던 모양이다)

내가 겪었던 시절을 누군가 다시 겪고, 내가 통과했던 길을 누군가 다시 통과한다고 해도 그 경험은 같을 수 없다. 그 사람이 지닌 신경계와 성격, 반응도, 민감도가 다 다르기 때문이다. 그 누가 나와 같은 상황을 겪고, 나와 같은 시간대를 지나도 그녀가 나와 똑같은 심정과 느낌과 생각을 겪는 것은 불가능하다. 각자가 지닌 삶의 무게와 경험은 각자의 고통과 감격의 '고유성'을 가진다.

어느 농촌교회 목사가 『하느님은 머슴도 안 살아봤나?』라는 책을 낸 적이 있다. 하느님을 강하고 위대하고 고상한 존재로만 생각하는 사람들에게 도전이 되는 책이다. 하느님은 오히려 보잘것없고 가난하고 약한 모습으로 우리와 함께하신다는 고백이 담긴 글로 기억된다. 어떻게 보면 '존재론적'으로 가장 위에 있다고 생각되는 하느님은 복잡한 인간사에서 적당히 누리며 살아가는 인간들보다 상대적으로 가난하고 권력이 없는 사람들과 더 가까운 분이 아닐까 생각한 적이 있다. 이 세상에서 추구할 수 있는 것들과 누구나 다 원하는 것을 누리고 사는 사람들은 아무래도 그 마음자리에 '비우고', '아파하고', 그래서 '깨닫는' 삶을 살기가 그리 쉽지는 않을 것이다. 평범성과 보편성만으로 다양하고 복잡한 고통에 처한 사람들에게 다가서기란 쉬운 일이 아니며, 말로 할 수 없이 깊은 고통 속에 있는 사람들을 사랑하시는 하느님을 말하는 것 역시 참으로 어려운 일이다.

사람들이 겪고 사는 현실과 경험을 도표화하는 것은 불가능하다. 설령 몇 가지 정체성―성, 연령, 국적, 경제적 계급 등―이 공유된다 하더라도, 그 공유된 범주에 속한 사람들이 현실을 공통적으로 받아들인다는 것은 불가능하다. 그러나 우리는 그것에 기반을 둔 여러 가지 결론을 정의해 왔다. 가령, "남성은 공간능력이 뛰어나고, 여성은 관계성에 더 특출한 장점을 보인다."라거나, "백인은 이성적이고 분석적인 능력이 뛰어나고, 흑인은 감성적이고 육감적인 특성이 뛰어나다." 등의 가설이 그런 것이다. 많은 부분 이러한 도표화된 생각들은 그 정의 속에 갇힌 사람들의 '독특성'과 장점을 알려내고 찬양하는 데 쓰이기보다는 그들을 열등화하고 평가 절하하는 데 쓰이는 경우가 많다. 예를 들어, 공간능력과 길 찾기 능력이 남성에 비해 상대적으로 부족하다고 여겨지는 여성이 운전하다가 그 평가 절하된 가치에 맞는 상황을 만들게 되면, 여지없이 "아줌마! 운전 좀 똑바로 해요. 굳이 나오지 않아도 되는데 왜 차를 끌고 다니면서 민폐야?"라는 말을 듣게 된다. 평가 절하된 가치에 맞지 않게 운전을 잘하는 여성들은 이 편견의 경계선에 그렇게 큰 작용을 하지 않는 것처럼 보인다.

보편성이란 비슷한 사람들을 묶어 내거나 정의하는 개념이다. 성별, 국적, 성정체성, 계층, 혈액형, 별자리 등 사람들을 규정하고 파악하는 데 쓰이는 것들을 말한다. 따라서 보편성은 사람들 간에 지니는 공통성과 결속력을 제공한다. 공통의 특성뿐 아니라 때에 따라서는 공통된 방향성과 목적을 제시해주는 장점도 가지고 있다. 이런 이유로 보편성은 사람과 사람사이를 묶어주는 매우 힘이 있고 유용한 도구이기도 하다.

한국사회를 사례로 들어보자면, 1980년대와 1990년대까지 보수적이든 진보적이든 사람들에게 목표를 제시하면서 방향성을 가지고 주도되었던 사회운동에서도 보편성이 매우 효과적인 전술로 쓰였다고 할 수 있다. 보편성을 지향하면서 사람들을 묶어내고 선도하고 계도했던 운동이 어느 정도 성과를 내고 발전하기도 했다. 이러한 한국사회의 흐름이 모더니즘(modernism)의 영향 하에 있었다고 생각해 보면, 모더니즘이라고 하는 기류 역시 보편성이 주는 거대담론과 목적의식에 기대어 많은 사회적 변화를 진행해 왔다고 할 수 있다.

그래서인지 1980년대에 청년기를 보낸 사람들 가운데 (모두 다 그렇다고 말할 수는 없지만) 방향성을 제공하고 '대오'를 결성해야 하는 강박 아닌 강박증을 가진 사람들이 있다. 반면에 그 사람만이 가지고 있는 특성이라고 하는 독특성 혹은 유일성(singularity)은 '대오'를 결성하거나 묶어내기 보다는 각각 다른 길로 가게하며, 함께 무언가를 할 수 없도록 만드는 것들이었다. 각각의 독특성과 다름을 강조하게 되면 공통의 목적과 방향을 잃어버리게 된다는 것인데, 보편성을 옹호

하는 입장에서는 특수성은 부분적인 진리이고, 기존의 질서를 무너뜨리는 세력으로 읽히기 때문이다. 그러나 특수성과 다름에 강조점을 두는 진영에서는 공통성과 보편성이라는 것이 과연 모두가 인정하는 '진리'일 수 있는 지, 그래서 '객관적'인지를 묻는다.

형이상학과 존재의 권력질서를 담보로 하는 기존의 학문은 사실 겉으로는 보편적이고 객관적이라 할지라도, 그 기준이 힘 있는 사람에게 맞춰져 있다. 권력을 가진 사람의 기준을 근거로 사람들을 판단하고 줄 세운다. 힘 있는 사람이 자신의 특수한 이야기를 마치 보편적인 것처럼 간주하며 다른 사람을 그 기준으로 판단한다. 백인이 기준이 되어 황인과 흑인을 '타자'로, 이성애적 남성이 기준이 되어 여성과 성소수자를 타자로 여긴 것도 사실 이런 이유에서 기인한다. 백인의 '창백함'을 우월하고 정상적인 것으로 생각하고 검거나 누르스름한 것은 열등하고 이상한 색깔로 여기는 것이다.

보편성을 충성스럽게 수용해서 살아가다보면 만약 남들에게 있는 보편성을 내가 갖지 않은 경우, 나는 무엇인가 '결락'되어 있는 존재인 것처럼 여겨지기 때문에, 나 스스로도 자신을 평가 절하하고 열등한 존재로 여기게 된다. 보편성을 만든 사람이 가지고 있는 특수성은 이렇게 힘으로 권력으로 성장하게 되고, 이러한 보편성 속에서는 힘이 없고, 목소리가 없고, 자신의 입장을 정리해낼 기회나 도구가 없는 사람들은 '존재하지 않는 사람'이 된다.

자크 데리다와 같은 후기구조주의자들이 주장하듯이, 서양 형이상학의 영향을 받은 철학이나 언어는 늘 가진 자가 그 스스로의 특성을 이분법적으로 정의내리고 그것을 '보편성'이라고 명명한다. 이러한 보편성을 갖지 않은 다른 사람들은 그것에 근거하여 판단되고 열등한 반대의 특성을 가진 사람들로 만들어진다. 이것을 주체와 타자의 형성 과정이라 볼 수 있다. '주체'의 특성이 형성되면 그 특성은 곧 객관적 보편성이 되며, '타자'는 주체와의 비교 관계 속에서 '주체'의 특성을 결핍한 자거나 그 특성의 반대인 존재가 된다. 주체로서의 '남성', '서구', '제1세계' 등의 지배언어에 대해서, 타자는 그 반대적 특성을 지닌 '여성', '동남아', '제3세계' 등으로 분류되는 이치가 바로 이러한 타자의 대상화 과정을 겪어 정의된 개념들이라고 할 수 있다.

인간의 사고방식을 지배하는 많은 판단거리 중에 우열과 흑백의 논리를 벗어나는 것이 그리 많지 않다. 하나가 적합하고 좋은 것이라고 판단된다면, 나머지 반대되는 쌍은 항상 열등하고 함량미달인 것으로 등급 매겨진다. 특별히 외모지상주의와 물질만능주의가 팽배한 우리 사회에서는 다양성과 독특성이 존중되기 보다는, 소수의 '정상'과 '우월'이 잣대가 되어 '비정상'과 '열등'이 되는 다수를 제압해버리고 만다. 그리고 그 '소수'가 '다수'인 것처럼 받아들여지게 되는 것이다. 크고 선이 굵직한 얼굴보다는 작고 선이 가느다란 얼굴이 대세의 얼굴이며, 내성적이고 자기주장이 강하지 못한 사람은 어눌하고 명청한 사람으로 치부되고 만다. 부모가 재력이 별로 없는 경우, 자식이 좋은 대학을 졸업하여 가진 자가 되기는 거의 불가능하다. 아파트에

소유주로 거주하는 사람이 30%에 불과하더라도 한국 사회에서 주거문화의 대중성은 아파트에 사는 것이 '정상'이 되고 만다. 시간이 흐르고 물질적으로 풍요로워질수록 한국사회의 정신적 판단의 잣대는 점점 더 이분되고 획일화되고 있는 것을 부정할 길이 없다.

이제부터 논의할 자크 데리다의 '타자'와 가야트리 스피박의 '서발턴'은 그 존재와 삶의 현실이 이러한 평범성과 상식의 논리 속에서는 더더욱 읽혀지고 인식되기가 어려운 존재들이라고 할 수 있다. 줄 세우고 획일화시키고, 약육강식으로 사람들을 분류하는 세상이 되어갈수록, 그 주류 사회 속에, 거대한 담론 속에 횡행하는 기호와 판단으로는 읽어 내려갈 수 없는 세세하고 미미한 '그림자' 같은 존재자들이 더 많아질 수밖에 없다. 아이러니하게도, 인류역사가 발전할수록, 경제적 풍요로움이 증가할수록 이러한 평범성의 획일화가 더 가속화되어가고 있다. 사람들을 그 개개인이 가진 가치와 고유성으로 바라보기보다는 사회가 요구하는 권력과 강자의 논리로, 이분법적 판단으로 개개인을 복종시키고 있기 때문이다.

• • • •

하느님의 신비와 개별자들의 '고통'

이 글에서 나는 사람들을 평범함과 이분법으로 혹은 도표화된 담론 속으로 가두려는 성향에 '저항'하는 논의를 전개할 것이다. "너는 나에게로 와서 꽃이 되었다"라고 읊고 있는 시처럼, 이름을 지어주고 정의를 내리는 것이 대상을 더 의미화하고 이해하는 데 도움이 되기도 하지만 역설적이게도, 그 이름이 그 대상을 제한하고 왜곡할 수 있는 가능성도 증가한다. 예를 들어, 신을 인간적으로 이해하고 묘사하는 성향을 가진 그리스도교에서는 하느님을 '하느님 아버지'라고 이해하는 사람들이 많다.

그것은 '아버지'의 능력과 통솔력 그리고 따뜻한 부성 등이 신과 닮았다고 믿는 사람들이 유추한 상징이자 명칭이다. 하지만 그 명칭이 신이 갖고 있는 다른 특성을 가리고, 남성적 특성이 마치 신의 보편성인 것처럼 생각하게 만들기도 한다. 신을 아버지가 아닌 다른 상징으로 이해하기 어렵게 만드는 경향도 있는 것이다. 따라서 여성신학자 엘리자베스 존슨은 풍부한 이미지를 갖고 다가가야 하는 신의 신비를 '아버지'라는 명칭으로 가리는 현상은 '우상숭배'라고 주장했다. 하느님의 신비는 많은 명칭과 상징으로 이해되어야 하지만 그 많은 이미지 또한 신을 가리키는 손가락(지시어)에 불과하다는 것을 인식해야 한다.

결국 그 이미지 자체를 극복하고 넘어가야만 신의 신비와 깊이에 한 발짝 더 다가갈 수 있는 것이다.

하느님의 신비에 대해서 우리가 인식할 수 없는 만큼, 인간의 고통에도 상당히 신비적이고 유일한 독특함이 있다. 영성적 차원에서 보자면, 인간의 언어와 생각 너머에 존재하는 신만큼이나, 인간 개개인이 가진 독특성도 신비로울 정도로 그 심연이 깊다. 이러한 생각은 "인간의 고통을 다른 사람이 이해한다는 것이 과연 가능할까?"라는 단순한 문제제기로부터 시작되었다. 그 사람만이 갖고 있는 고통은 보편적이고 상식적인 시각 너머에 있을 수밖에 없다. 왜냐하면 '나'는 그 사람의 신경구조와 심리상태, 그리고 성격과 환경을 공유하고 있지 않기 때문이다. '나'는 그 사람이 살아 온 여러 가지 아픔에 대해서, 그 사람이 벅차게 기뻐하는 것에 대해서 그저 상상만을 통해서 닿아보려 노력하기 때문이다. 짐작을 할 수 있다고는 해도 완벽하게 알 수는 없다.

우리는 다른 사람이 겪는 고통에 대해 분석하거나 '담론'을 만들어 낼 수 없다. 앞으로 어떻게 하라는 등의 충고를 하는 것도 내가 할 수 있는 일은 아니다. 논리적으로 설명하거나 그 고통이 왜 일어났는지 묻는 사람들은 대부분 '인과응보'의 시선으로 바라본다. 이러한 태도는 그러나 타인의 고통을 이해하게 되는 것이 아니라 오히려 그를 더 깊은 상실감과 외로움으로 떨어뜨리기 십상이다. 대개의 경우, 그녀가 지금 겪고 있는 고통은 다른 사람이 이해하거나 설명할 수 없는 개별자가 가진 '단 하나의' 고통이기 때문이다. 때로는 '섭리의 총체성'이라든가 '고통의 이유'를 따지기 위해서 고통을 '약'으로, '성장'의 도구로 설명해 주는 방식 또한 고통을 겪고 있는 이들에게는 오히려 상처가 되기도 한다. 게다가 하느님께서 이러한 일을 계획

하셨다는 주장은 지금 하느님과 씨름하고 있는 당사자들에게 하느님에 대해서 회의와 의문만 더 증가시킬 때가 많다. 고통을 설명하고 해명하려고 할수록, 고통의 원인이 무엇인가를 따지려고 할수록 많은 경우 그 부정적 결과가 눈덩이처럼 더욱 더 커진다는 것을 알아차려야 한다.

이 글에서 나는 부정신학(신의 신비는 인간의 언어를 통해서는 다가갈 수 없다고 전제하면서 언어의 불가능성을 강조하는 신학)에서 바라보는 신에 대한 관점이나 신정론의 문제를 다루려는 것은 아니다. 오히려 부정신학적으로 바라보는 신에 대한 '불가능성'의 문제를 살짝 바꾸어서 개별자가 겪는 고통, 특별히 사회적 보편성이나 권력의 논리로 읽어낼 수 없는 이들의 '고통'에 귀 기울이는 것이 '불가능성'만큼이나 어렵다는 것을 이야기하고자 한다. 다시 말해서, 하느님을 이름 짓고, 규정짓고, 속단할 경우 하느님을 바로 이해하기보다는 '오해'하게 된다고 하는 부정신학의 명제를 신에게만 적용시키는 것이 아니라, 사회적 약자의 고통에 대해 이야기하는 방식에도 적용하려는 것이다.

신에 대해 설명할수록 인간의 상식과 편견으로 인해 신에게서 멀어지는 것처럼, 개개인의 고통을 이해하려고 할수록 그 고통으로부터 멀어진다. 그 고통을 우리가 아는 언어로 언어화할수록, 우리가 기대고 있는 상식과 이분법으로 설명할수록, 오히려 오해와 섣부른 상처를 주게 된다.

제대로 이해한다는 것, 가능한 한 완벽하게 설명하려 한다는 것이 역설적으로 그 사람과 더 멀어지게 만드는 때가 많다. 왜곡됨이 없이 이해하려고 할수록 오히려 더 상대방을 오해하고 타자화하게 하는 것이 언어이기 때문이다. 그래서 이러한 언어의 장난(?)을 늘 경계해야 하는 것이 한계적 언어를 사용하는 우리의 딜레마이자 임무라고 말하고 싶다.

이것을 우리는 '불가능한 가능성(impossible possibility)'의 측면으로 이해해 볼 수 있다. 무엇인가에 다다르려 노력한다 해도 끝내 도달할 수 없기 때문에, 이전보다는 조금 더 가까워지려고 애를 쓰는 과정 중에 있을 뿐, 완전한 성취는 불가능하다. 그러나 불가능한 가능성이 이야기하는 것은 불가능하다고 그냥 그 자리에서 포기하자는 것은 아니다. 비록 도달할 수는 없다 해도, 끊임없이 다가가려고 하는 그 과정 속에서 깨어있고 살아있자고 하는 것이 바로 불가능한 가능성이 우리에게 주는 자각이라고 할 수 있다.

예를 들어, 하느님에 대해서 우리가 '하느님은 불이다'라고 정의하고 난 후에, 과연 '하느님은 불이라는 이미지에만 국한 되는가?'라는 물음을 묻게 된다고 치자. 만약 이러한 질문이 생기면, 우리는 그 반대의 이미지인 '하느님은 물이다'라고 명명함으로 그 이전에 갖고 있던 하느님의 이미지를 해체하고 다시 성숙시켜가야 한다. 그리고 나서, 나중에는 하느님은 불이고 물이고 바람이라는 것을 알게 되고, 동시에 하느님은 불도 아니고 물도 아니고 바람도 아니라는 것을 또 다시 깨우치게 된다.

이러한 과정이 불가능한 가능성이다. 즉, 하느님에 대한 이미지는 알았다가도 주춤할 수 있어야 하고, 잘 가는 것 같다가도 또 다시 깨부수어야 하는 끊임없는 노력의 과정이다. 하느님의 이미지를 우리는 과정적으로 만들고, 부수고, 또 세우고, 그것을 다시 허물지만 하느님에 대한 완전한 이해에는 도달할 수 없다.

마찬가지로 개별자의 '고통'에 대해서도 어렴풋이 짐작할 수는 있겠으나, 우리가 갖고 있는 생각과 이해가 전부라고 결론짓는 순간 전혀 다른 가로막이 생길 수 있다. 이런 의미에서 개별자의 '고통'을 이야기한다는 것 또한 불가능한 가능성이라고 볼 수 있다. 나의 이해와 판단 너머에 있는 그와 그녀의 고통에는 이러한 불가능한 지점이 있다고 하는 것을 겸허히 받아들일 수밖에 없다. 그리고 나의 이해와 판단 속에 존재하는 선입견과 고정관념을 객관적으로 바라보는 일, 그리고 그것을 깨부수기 위해 노력하는 일 또한 매우 중요한 우리의 과제이다. 이런 논점을 풀어가기 위해 먼저, 데리다의 '타자'에 대해서 소개해 보고자 한다.

• • • •

데리다의 '타자'

포스트모더니즘은 보편성과 특수성에 대한 문제의식 속에서 등장했다. 대표적인 포스트모더니즘 사상가 중 하나인 자크 데리다는 형이상학과 언어에 내재된 권력적 남용에 대해 문제를 제기했다. 또한 보편성과 그에 따른 이분법적 배타성을 극복하기 위해 유일성(singularity, 그 사람만이 가진 특성)이라는 개념을 소개했다. 흔히 사람들은 '해체'라고 하면 기존의 것들을 다 없애 버리고, 체제와 안전을 위협할 정도로 허무주의의 칼을 휘두르는 것이라고 오해한다. 그러나 내가 이해하는 한 데리다가 감행한 '해체'는 오히려 그 반대의 경우에 해당된다. 기존의 체제에 내재되어 있는 권력과 폭력의 남용을 인식하고, 그것에 맞서 목소리 없는 약자의 특수성이 힘을 가진 보편성에게 균열을 일으킬 수 있게 하는 데 그 초점이 있기 때문이다.

데리다의 매력은 앞에서 이야기한 '불가능한 가능성'에 있다. 데리다의 이 접근방식을 통해서 '타자'로서의 하느님과 '타자'로서의 인간에 대해 우리가 얼마나 겸허하고 신중하게 옷깃을 여며야 하는 지를 생각해 보게 된다. 하느님의 신비와 불가능성을 이야기하는 부정신학뿐 아니라 그와 유사하게 인간적인 '타자'에 대해서 신비를 이야기하도록 모티브를 제공하는 사람이 바로 데리다이다.

그의 유명한 명제는 "Every other is wholly other."라고 하는 것이다. 번역해 보자면 아마 이런 뜻이 될 것이다. "모든 존재하는 타자는 전적인 타자이다." 즉, 나에게 '타자'로 존재하는 모든 존재는 나의 이해와 선입견 너머에 있는 절대적인 타자로 볼 수 있어야 한다는 것이다. 데리다가 이 명제를 통해서 주목하는 '타자(other)'는 부정적 의미로 쓰이는 소외되거나 비인간화된 타자가 아니라, '나'라는 존재가 함부로 할 수 없고, 내 이해를 초월하는 (그래서 불가능한) 타자를 뜻한다. 나의 선입견이나 고정관념 너머에 존재하는 그 사람이 '타자'이며 따라서 그녀를 온전히 이해한다는 것은 불가능하다.

이런 결론에 도달할 수밖에 없는 이유는 데리다에게 있어서 '인간'이나 '주체'를 정의하는 언어와 철학, 그리고 형이상학이 특정한 권력자의 시각에 의해서 정립된 허위의 보편성이기 때문이다. 데리다에 따르면, "정의 내려졌다", "이해되었다"라는 것은 임의의 기준에 의해서 "재단되어졌다", "곡해되어졌다"라는 것을 뜻한다. 서구 형이상학에 기초를 둔 학문적 담론들은 항상 주체와 객체(타자)를 이분법적으로 나눈다. 예를 들어, 마르틴 하이데거의 존재(Dasein)는 기존의 '주체' 개념을 극복하기 위해 나온 개념이긴 하지만 데리다가 이해하기에는 여전히 너무도 서구의 이성중심주의적 인간을 주체로 세우고 있다. 데카르트의 주체와 다르지 않게 하이데거에게서도 여전히 '이성'을 사용하는 존재만이 참 존재가 되는 것이다. 인간과 비인간을 나누고, 살아있는 존재와 살아있지 않은 존재를 나누는 이분법 속에서 여전히 인간은 그 중심으로 그려진다. 이러한 특성은 그 반대의 특성을 갖고 있는—예를 들어 비이성적이고 비사유적인—존재라고 하는 '타자'와의 구분과 대조를 통해서만 주체로 서게 된다. '타자'(other, 부정적 의미로서의 소외된 타자)는 늘 힘을 갖고 있는 '주체'의 반대와 부정적인 쌍으로만 그 존재가 설명된다. 그 이외의 독특성은 '타자'의 특성으로 인식되지 않는다. 백색은 황색과 흑색과의 이분법적 비교 관계 속에서만 우월한 색깔로 여겨지고, 남성은 여성이라는 '결핍'과 '불완전'과의 대비를 통해서만 '충만'과 '완전'으로 인식된다. 백색과 황색의 차이만큼이나 황색과 황색사이에 존재하는 차이도 크다는 것, 혹은 여와 남의 차이보다 여성들 사이의 차이도 엄청나다는 것은 그 이분법적 논리에 가려지고 마는 것이다.

　우리가 사용하는 언어체제는 사실 중립적인 것이 아니라 '지배언어'이다. 중심적 권력자의 시각과 관념이 객관적으로 여겨지게 되면 비중심적 존재는 스스로를 너무도 자연스럽게 열등한 존재로 인식하게 된다. 기존의 언어와 상징체계에서 '타자'는 항상 열등하고 부족한 사람으로 묘사되고, 그 언어의 법칙에 충실할수록 소외된 타자는 자신의 (왜곡되고 허구화된) 모습을 본래적 모습으로 받아들이게 된다.

　아리스토텔레스로부터 시작되어 "나는 생각한다. 고로 존재한다."라는 명제를 내건 르네 데카르트에게까지 이어온 서구 형이상학 체계에서는 혼자서 생각하고 소위 '이성'을 활용하는 독립된 실체로서의 '주체'가 있다고 믿어졌다. 그러나 그 생각하는 주체는 자신이 이성적 존재라는 것을 과연 현실의 세계에서 다른 사람들과의 관계 속에서 확인하고 있는 것일까? 데리다에 의하면, 그런 일관된 특성을 가진 고정되고 안정된 주체가 있다고 전제하는 것 자체가 형이상학에서 기인한 허상이 될 수밖에 없다. 그것은 자신과 다르거나 반대되는 특성을 가진 사람들을 근거로 해서 세워진 허구의 주체이기 때문이다. 인간은 수많은 다양성과 말로 설명할 수 없는 세밀함과 복잡함 속에 살아가는데, 학문적 담론 속에 그려지는 인간은 너무도 이분법적이고, 질서정연하게 묘사되고 있다.

따라서 데리다는 글을 쓴다는 것 자체가 '원초적 폭력(originary violence)'이라고 전제한다. 글 속에 내포되어 있는 모든 의미는 주체와 객체, 우등과 열등, 존재와 비존재 등의 이분법을 전제로 하고 있으며, 이것이라고도 할 수 없고 저것이라고도 할 수 없는 복잡한 '타자'는 늘 객체와 열등 그리고 비존재로 자리매김 되기 때문이다. 이러한 예를 설명하는 데 있어서, 데리다는 클로드 레비-스트로스의 원주민 연구를 주목한다. 레비-스트로스는 글을 읽고 쓸 줄 모르는, 엄밀히 말하자면 '문자언어를 갖고 있지 않은' 원주민들을 '신성한' 그러면서도 '덜 발전된' 사람들이라고 여기게 된다. 원주민들은 레비-스트로스에게 의지 하면서 부족원들의 이름을 알려주기 시작했고, 종이와 연필을 주자 자신들이 알고 있는 상징들을 그려나갔다. 문제는 레비-스트로스의 일방적 이해였는데, 그들은 그들 나름의 상징으로 언어를 주고받고 있었으나 레비-스트로스는 이러한 상징들을 언어로 간주하지 않았다. 서구식 문자언어가 아니었기 때문이다. 이토록 문자를 사용할 줄 모르는 원주민들에게서 그는 독특성을 지닌 개별자들로 그들을 인식하는 게 아니라 원시적 유럽인들의 유아기적 얼굴을 보았다. 즉, 레비-스트로스는 공간과 시간을 달리하는 원주민들을 유럽인들의 반대쌍인 '타자'로 상정하고 있었던 것이다

(Derrida, of Grammatology 109-114).

　'문자언어'를 중심으로 개화된 유럽인 대 '음성언어'만 사용할 줄
아는 순수하고 원형적인 원주민들이라는 이분법이 레비-스트로스
의 선입견으로 형성되어 있었던 것이다. 여기서 우리는 몇 가지 질문
을 가진다. 과연 유럽중심적인 '문자언어'와 공간을 달리하는 원주민
의 '음성언어'는 평면비교가 가능할까? 즉, 유럽을 그대로 좇아가는
유아적이면서도 '원형적'인 모습이 그 원시부족에게 존재한다는 게
가능은 할까? 그리고, 그 원시인들이 표현하던 상형문자 등은 유럽
식 문자언어의 관점에서 볼 때 '언어'가 아니라고 할 수 있을까? 영어
를 모른다는 것이, 영어의 이름을 갖고 있지 않다는 것이 과연 레
비-스트로스가 생각하듯이 열등한 것이며 미개한 것일까? 이러한
일들은 비단 레비-스트로스에게서만 일어났던 일은 아니다. 실제로
문헌학적으로 인류학적으로 이러한 대상화의 과정이 발생했던 것은
서구 남성중심주의에 근거를 둔 특징들이 표준이 되고 주체의 근거
가 되었기 때문이다.

　이성과 합리성을 중시하는 서구 남성 중심적 시각에서 보면, 원시
인과 동양인, 저개발국가의 국민들은— 실제로는 그렇지 않다고 하
더라도— 미신이나 자연을 숭배하는 '미개인'에 지나지 않는다. 에드
워드 사이드의 『오리엔탈리즘』이라는 책 표지에는 인도 특유의 양탄
자와 장신구가 놓여있는 방에서 미소년이 피리를 불고 있는 모습이
있다. 그 모습은 바로 '서양'의 시각에서 본 '동양'을 상징한다. 서양의

기준에서 볼 때, 서구식 자본주의 관점에서 볼 때, 자연과의 교감을 시도한다거나 고유의 문화를 즐긴다는 것은 '미개'하고 저급한 문화로 취급되어지기 때문이다. 이처럼 언어와 분석의 틀과 힘을 갖고 있는 사람들이 "이 사람들은 저렇다." "이 나라는 이렇다."라고 이야기하면 그것이 객관적 진실이 되고 만다. 우리의 언어와 사고체계에는 이렇듯이 힘 있는 사람들에 의해 정의되고 명명된 사실(그 실상은 허구이지만)들이 난무해 있다. 그러나 우리는 그것을 '보편적'이라고 받아들이고 살아간다.

이러한 언어체계 안에서는 따라서 항상 '타자'가 생성될 수밖에 없다. 타자에는 앞에서 이야기한 것처럼 두 가지 종류의 타자가 있다. 하나는 "전적 타자(wholly other)"로서의 타자로, 나의 이해를 넘어서서 그 신비가 존중되어야 하는 그러한 타자를 말한다. 반면, 부정적 의미로서의 타자가 있는 데, 그것은 주체로서의 '나'가 가진 특성에 근거를 제공하면서 동시에 그 존재가 갖고 있는 특징은 열등하게 여겨지는 존재를 말한다. 기존의 언어와 학문체계에서 생성되는 타자는 이 두 번째 의미의 타자를 뜻한다고 하겠다.

'타자'는 항상 그림자 같기도 하고 유령 같기도 한 존재이다. 권력을 가진 사람의 언어와 텍스트 속에서 '타자'는 그 실체가 잘 드러나지 않는다. 서구 남성이라는 '주체'가 기준이 되어서 그들의 언어와 법칙으로 설명하는 한, '타자'의 목소리와 존재는 우리에게 자신의 형체를 드러낼 수 없다. 데리다는 서구 남성이라는 '주체'가 실은 자신의 왜곡된 견해를 갖고 '타자'를 읽어내고 해석하고 있으면서도, 마치 그 '주체'는 이러한 타자의 도움 없이 처음부터 진리를 반영한 진짜 주체처럼 그 자신을 은폐시켜 왔다는 것을 밝혀냈다. 따라서 주체와 타자의 관계는 현실을 반영하지 않을뿐더러 오히려 왜곡시키고 거짓을 진실처럼 생산해 낸다는 점을 말한다.

'타자'는 스스로를 표현하거나 재현할 수 없다. 그 이유는 글을 쓰고 담론을 만들어 내는 '주체'들이 그들 임의로 '타자'를 소개해왔기 때문이다. 그러나 그들의 담론 속의 '타자'는 그 현존재와 일치되지 않는 존재이다. 따라서 유령으로, 그림자로 남을 수밖에 없다. 이러한 타자에게는 데리다에 의하면 무언가 '비밀스러운' 것들이 있을 수밖에 없다. 그런데 이 비밀은 심리학적인 것도 아니고 미학적인 것도 아니다. 철학자들이 존재론적으로 논의해서 밝혀낼 수 있는 비밀도 더더욱 아니다. 이 비밀은 기존의 언어로 표현될 수 있지만, 그것만으로는 담을 수 없는 그런 비밀을 말한다(Derrida, On the name 24-26). 이미 존재하는 언어들이 너무나 빨리 결정지어 버리는 언어들이기 때문에 담을 수 없는 그런 비밀이기도 하다. 그러므로 데리다는 타자에 대해 '미결정성(undecidability)'을 유지해야 한다고 이야기한다. 결정을 내리지 말아야 한다는 것이다. 우리가 가진 판단력과 상식으로 타자를 재단하는 순간, 그 사람만이 가지는 독특성과 신비를 놓치기 때문이다. 내 판단으로 내린 생각과 판단과 결정이 '폭력'이 되는 경우도 있다. 그 폭력의 강도가 얼마나 크고 강하냐를 떠나서, 그 사람의 의도와 그 사람이 겪고 있는 현실과 다른 정의를 우리가 내리는 순간 그것은 폭력이 될 수밖에 없다. 누군가에게 전해지는 이야기 하나를 해 보고자 한다. 배가 난파되었을 때 아내를 버리고 혼자 살아 돌아온 남편이 있었다고 한다. 그에게 사람들은 어떻게 아내를 죽게 내버려두었느냐고 말한다. 그들의 상식과 도덕의 기준에서 그렇게 판단하는 것이다. 그러나 나중에 알고 보니 그 부인은 불치병에 걸려있었고, 그녀가 남편에게 부탁한 것은 "살아남아서 나대신 자식을 잘 키워 달라."는 것이었다고 한다. 부인을 버리고 돌아온 것이 아니라, 그 뜻을 기억하며 어쩔 수 없는 슬픈 현실을 받아들인 경우임에도 그는 부인을 버리고 돌아온 남편으로 판단을 받게 된 것이다. 사람들은 저마다 각자 다른 사연과 고통을 갖고 살아간다. 그러나 그 현실을 모르는 사람들은 평범성과 상식에 기대어 '타자'에게 나의 판단과 잣대를 들이댈 때가 많다.

따라서 데리다는 우리는 '타자'를 향해 늘 겸손함과 개방성을 가져야 한다고 이야기한다. 무관심하게 타자를 이해하지 말라는 것이 아니라, '전적 타자'는 내가 이해할 수 없는 독특성과 비밀을 갖고 있다는 것을 숙지하라는 것이다. 나는 그녀를 이해한다고 해도 그저 불완전하게밖에 이해할 수 없다는 것을 늘 기억해야 한다는 말이다.

· · · ·

가야트리 스피박의 서발턴(subaltern)과 재현

이제는 스피박이 이야기하고 있는 타자에 대한 우리의 태도를 이야기하고자 한다. 스피박은 데리다와 연결되는 부분도 있지만, 또 다른 결을 갖고 우리에게 타자에 대한 신중함과 겸손함을 갖도록 가르친다.

데리다에게 있어 '타자'는 판단하는 '나'에 의해서 그 독특성과 유일성이 파괴될 수 있는 존재였다. 그래서 데리다는 '타자'에 대한 존중과 미결정성을 강조했다. 스피박은 계급성이나 성별이나 포스트식민주의 등의 구체성을 더 가미해서 '타자'와 나 사이의 민감성을 상기시켰다고 할 수 있다. 데리다의 '타자'가 조금 더 방대하고, 어떤 누구와도 환치 가능한 열린 개념이라면, 스피박의 서발턴(subaltern)은 목소리를 갖고 있는 지식인과 달리 목소리를 갖고 있지 않은, 목소리를 가질 수 없는 타자를 말한다. 나와 타자 사이의 권력관계를 더 적나라하게 드러내는 것이 스피박의 탐구 작업이라고 볼 수 있다. '타자'를 이야기하는 데리다가 조금 더 신사적이라면 스피박은 한층 더 강한 어조로 목소리를 가진 사람들, 담론을 형성하는 사람들의 각성을 촉구한다.

데리다가 비판하는 해체의 대상이 형이상학이나 언어라고 한다면, 필자가 느끼기에, 스피박의 해체 대상은 담론을 만드는 사람들, 글을 쓰는 사람들, 즉 지식인이라고 할 수 있다. 언어를 사용할 수 있는 사람들, 글과 말로 사회를 형성하는 사람들이 말할 수 없는 사람들, 목소리 없는 사람들에게 다가가는 방법에 대해 매우 신랄하게 —거의 희망이 없다는 투로— 경종을 울리고 있는 사람이 바로 스피박이다. 지식인의 임무와 책임을 이렇게까지 강조한 학자는 아마 없을 것이다.

스피박에 따르면 지식인은 의도적으로든 비의도적으로든 '재현(representation)'을 한다. 어떤 글을 쓰건 누군가에 대해 소개하고 이해시키는 것이 지식인들이 쓰는 글의 특성이기 때문이다. '재현'이란 사람이나 현상을 설명하는 데 있어서 의미화를 만들어내는 과정이기도 하지만 타자에 대해 정형화된 편견을 반성 없이 사용하는 것이기도 하다. 자신이 알고 있는 것만을 전달해서 내 정보력을 과시하기 위해 누군가의 현실을 정보로 사용하는 사람들이 지식인들 사이에선 으레 있기 마련이다. 스스로 진보적이라고 생각하는 사람들 사이에서도 이러한 일이 일어나는데, 그것은 그 당사자에게 직접 의견을 듣기보다는 내 표현력과 분석력으로 '대신' 말해주는 것이 더 학문적이라고 믿기 때문이다. 뛰어난 담론을 만들기 위해서 사람들은 의도와 목적을 가지게 된다. 그리고 이 목적과 의도를 위해서 타자의 독특하고 복잡한 현실에 귀 기울이고 집중하기 보다는 타자의 독특성을 훼손하려는 경향이 '재현'의 과정 속에서 드러나게 된다.

스피박이 이러한 재현의 예로 드는 것은 쥴리아 크리스테바가 중국의 여성을 묘사하는 글에서 의도하지 않았으나 드러낸 서구 우월주의와 '오리엔탈리즘'적 선입견이다. 크리스테바는 비서구 문화를 원시적이거나 미개하다고 전제하는 인류학자들의 태도와 거리를 두려고 노력하지만 중국의 한 마을을 방문하면서 어쩔 수 없이, 자신이 그곳의 문화를 있는 그대로 배우는 것은 불가능하다는 것과 현대의 중국은 자신이 기대한 모습을 갖고 있지 않음을 깨닫게 된다. 크리스테바는 이런 상황 속에서 있는 그대로의 중국의 모습을 묘사하는 것이 아니라 자신이 발견한 자신만의 견해를 내놓기 위해서 중국 고대사회는 모계사회였다는 것을 설명한다. 그리고 자신의 학문적 발견, 즉 "중국사회가 가부장적이게 된 것은 모계중심 사회가 부계 중심사회로 이행하였기 때문이고 그 배경에는 유교가 영향을 주었을 것이다."라는 결론을 내리게 된다. 서구 여성인 크리스테바가 어떻게든 중국사회를 통해 학문적 성과를 거두기 위해서였을 것이다.

그러나 스피박은 크리스테바의 이러한 발견이 크리스테바의 생각처럼 중국 여성사에 실질적 의미를 더하는 성과가 될 수 없다고 주장하는 데, 그 이유는 다음과 같다. 첫째는 중국 여성들이 겪는 특유한 가부장적 폭력을 다루는 데 있어서, 중국은 서구와 다른 특유의 가부장주의가 존재한다고 생각했기 때문이다. 그 가부장주의는 서구의 가부장주의와 구별되는 더 원시적이고 원형적 형태로 나타난다. 그리고 그 가부장주의는 중국에만 있는 유교적 가부장주의라고 규명한다. 서구인인 크리스테바는 마치 자신만이 발견할 수 있는 고대 가모장제를 중국에서 발견해 낸 것처럼 생각했다. 유럽정신분석학을 비판하면서 유럽에서는 여성의 육체가 이론적으로 억압되지만 중국에서는 원형적 가모장제가 유지되고 있다고 이해한 것이다. 그리고 이러한 가모장제는 중국 고유의 역사 속에서 서구와는 다른 방식으로 가부장제로의 이행을 겪었다고 이해한다. 의도적으로 중국 여성들을 원시적 존재로 보려고 하지는 않고 있으나, 자신을 '이방인'으로 '서구 지식인'으로 분리시키고 그들에게 자신의 담론이 어떻게 비춰질 것인가, 어떻게 기여할 것인가의 문제에 초점을 맞추고 있기 때문에 크리스테바의 접근 방식은 여전히 주체와 객체의 이분법적 논리를 벗어나지 못하고 있다.

둘째는 모계에서 부계로의 이동이라는 문화인류학적 발견은 크리스테바 자신이 세우려는 '여성해방' 담론의 소재로 사용될 뿐 중국 여성들의 현실과는 아무 상관이 없다는 것이다. 크리스테바가 연구하는 여성 억압의 학문적 담론—유럽 여성을 위한 학문적 담론—을 세우기 위해 중국의 여성농민의 현실은 분석의 대상으로 그치고 만 것이다. 중국 고대 모계사회의 발견은 크리스테바가 읽고 싶어 하는 '원형적' 페미니즘의 유토피아로 쓰이고 있을 뿐이다. 유럽에서와 다른 모습으로 유지된 유럽역사의 '원시적' 형태로서 중국 가모장사회를 분석한 것이다. 중국 여성들은 어떻게 살고 있는 지 보다는 중국에서 발견할 수 있는 여성학적 소재가 무엇인지를 더 관심

가졌던 것이다(모튼, 151-156).

이런 이유로 스피박은 다음과 같은 질문을 던진다. 이러한 발견이 서구여성학 담론에 쓰이는 소재는 될 수 있을지 모르지만, 정작 중국여성들의 살아가는 현실에 어떤 해방을 가져다 줄 수 있는가? 고대에 모계사회가 있었다는 것을 분석하는 것이 중국의 경제적, 정치적 현실 속에서 씨름하는 중국 여성들에게 무슨 의미가 있는가? 그리고 어떤 변화를 가져다 줄 수 있을 것인가? 스피박의 이러한 질문들은 서구 지식인인 크리스테바가 자신의 학문적 담론을 정립하기 위해 중국 여성들의 현실을 '소재'로 사용하고 관찰하고 있을 뿐이라는 것을 적나라하게 드러낸다. 스피박은 따라서 크리스테바와 같은 지식인들은 '내가 그들에게 어떻게 비춰지는가? 그들에게 어떻게 기여할 수 있는가?'를 묻기 이전에 '나는 그 여성들을 어떻게 이름 짓는가? 그들은 또 나를 어떤 이름으로 부르는가?'의 문제를 먼저 물어야 한다고 일침을 가한다. 이런 질문을 하지 않은 채 연구한다면 비서구인 여성들은 서구 페미니스트들의 학문적 담론을 마치 자신의 이야기인 것처럼 추구하게 될 것이고 그러한 과정에서 또 다른 '타자'가 될 수밖에 없다. 그리고 탐구자적 입장에만 선 지식인 여성들은 형평성에 어긋난 채 자신들의 '쾌락'과 이익만을 추구하는 사람들이라는 오명을 벗을 수 없다(Spivak, In Other Worlds, 150). 학문적 성과를 거두기에 급급한 나머지 중국 여성들이 현실적으로 직면하고 있는 문제와 그 개선지점에 대한 물음에는 정작 관심을 두고 있지 않기 때문이다.

스피박은 이것을 인식론적 폭력(epistemological violence)이라고 일컫는데, 지식인들이 갖고 있는 지식과 정보, 그리고 선입견에 의해서 현실 속에서 살아가는 사람들의 삶의 방식이 소개되고 정의 내려지기 때문이다. 그리고 정작 그 담론의 소재로 사용되는 사람들의 현실적 삶은 이러한 학문적 발견과 일치되지 않는 경우가 왕왕 있고, 이 학문적 담론이 사람들의 현실 앞에서는 무력할 때가 너무도 많다.

이러한 인식론적 폭력으로 스피박이 예로 드는 다른 하나가 '지배단어'다. '제3세계', '노동자', '프롤레타리아', '여성' 등이 그것인데, 공통된 정체성 한 가지를 가지고 다양한 사람들을 하나로 묶어내는 역할을 하는 것이 그런 단어들이다. 지배단어의 맹점은 그 단어가 지칭하는 대상은 현실을 살아가는 사람들과 그 단어가 지칭하는 것 사이에 괴리가 생기게 된다는 것이다. 그 단어들이 지칭하는 진짜 노동자, 진짜 프롤레타리아라는 기준에 들어맞는 실제적 존재란 사실은 아무도 없다. 지배단어가 탄생하기 위해서는 그 이름 아래에 공통적으로 갖고 있는 특성을 최대화하기 위해서 무언가 공통되는 기준이 있어야 한다. 그리고 때로, 실제로 현실을 살아가는 사람들이 그 기준에 맞지 않을 때는 상당한 압력과 차가운 판단이 뒤따르는 경우가 많다. 예를 들어, '제3세계'라는 단어를 가지고 떠올리는 이미지는, 제1세계에 대해서 가난하고 도움을 필요로 하며, 누군가가 '개발'시켜야 할 그런 사람들로 상상된다는 것이다. 그러나 소위 제3

세계라고 불리는 나라들에 속한 사람들은 이 기준을 배반하는 사람들이 사실은 더 많다. '프롤레타리아'나 '민중'이라는 이름으로 떠올리는 이미지는 지나치게 결연한 모습이다. 한 가정의 부모거나 누구의 엄마아빠이기 이전에, 더 나은 세상을 향해 투쟁하는, 전투력에 들끓고 있는 투사여야 한다.

몇 년 전 노동당 간부로 일했던 싱글맘 여성이 생활고에 시달려 자살했을 때 사람들이 가졌던 생각 중 하나는 "모두에게 모범이 되고 목적을 제시해주어야 하는 핵심 당 간부가 어떻게 그렇게 비극적인 결말을 맞이할 수 있었는가." 하는 것이었다. 그러나 스피박이 '지배단어'의 문제점에 대해서 상기시키고 있는 것처럼 그 사람은 한 정당의 부대표이기 이전에, 모두에게 무언가를 제시하고 이끌어주는 사람이기 이전에, 치열한 현실을 살아가는 생활인이었다는 것을 기억해야 한다. 그 사람만의 이유로, 그 사람만의 고통으로 치열하게 살아온 한 인간이었다.

이처럼 우리는 언어와 담론을 통해, 우리의 의도대로 보고 싶어 하는 '재현'을 통해 실제적 인간의 모습이 아닌 허구화된 이미지를 만들어 낸다. 그리고 이러한 이미지를 만들어내고 소개하면서 우리는 인식론적 폭력의 굴레 안에 갇히게 된다.

스피박이 주목하는 '재현'에도 두 가지 종류의 재현이 있다. 하나는 정치적 재현이고 다른 하나는 미학적 재현이다. 이 중에서 정치적 재현이 상대적으로 인식론적 폭력의 경향이 더 많은 재현에 속한다. 정치적 재현은 앞서 말한 지배단어─프롤레타리아, 여성, 노동자 등─에 속한 사람들을 서술할 때 그들이 마치 일관되고 분명한 목적의식을 갖고 행동하고 살아가는 사람들인 것처럼 묘사하는 방법을 일컫는다. 예를 들어, 스피박은 인도 내에서 중요하게 분석되어 왔던 서발턴 연구 집단을 비판하는데, 그들이 저술한 농민반란에 대한 글이나 서발턴 운동에 대한 글을 보면 연구자의 마르크스주의 의식에 부합하는 꾸며진 '서발턴' 집단이 있는 것처럼 그려내는 경우가 많았다. 말하자면 지식인들은 서발턴을 '해방'과 민족의 독립 같은 거대담론을 위해 일관되게 단계적 투쟁을 잘 해내갈 수밖에 없는 사람들로 간주하는 경향성이 짙다. 이러한 인식 자체가 서발턴에 대한 대상화이고 결국은 허구화된 일관성을 지식인이 서발턴에게 부과하는 것이라고 스피박은 분석한다.

스피박이 서발턴 연구 집단의 재현방식에 대해 비판하는 또 다른 이유는 민족해방과 독립이라는 거대담론이 대부분 인도 남성의 관점에서만 쓰이고 읽혀지고 있기 때문이다. 인도 독립을 위해 투쟁했던 남성들의 이야기는 더 확연하게 잘 전해지지만 그들과 공존했던 인도 여성들의 삶은 거의 전해지지 않았다. 이런 이유로 스피박은 서발턴의 역사를 읽어내는 방식에 있어 기존의 서발턴 연구 집단의 관점과 차별성을 가진다. 서발턴 중에서도 더 쉽게 '왜곡'되었던 서발턴의 삶의 이야기를 알아내려고 노력한다. 구체적 예를 들자면, 스피박은 인도해방 전선에서 싸우는 한 여성 혁명당원의 이야기에 주목한다. 다른 서발턴도 투옥되어 고문당하는 과정에서 고통당하지만 그녀는 강간당하고, 벌거벗은 채로 고문관 앞에 서 있는 '여성' 혁명 당원이었다. 그녀의 이야기는 흔히 우리가 알고 있는 민족해방과 서발턴의 투쟁이라는 일관된 목적의식 속에 다 담아낼 수 없는 '틈새'를 드러내고 있다. 따라서 스피박은 일관성과 보편성의 전제 속에서 가려진 서발턴의 이야기를 '특수'하게 접근하려는 노력을 기한다. 이것이 정치적 재현을 가능한 한 왜곡을 줄인 채로 이해하는 방식이다.

두 번째 방식의 재현인 미학적 재현은 문헌 분석이나 담론 형성보다는 예술적 장르를 통해 전달된다. 이는 정치적 재현에 비해 왜곡과 대상화의 오류가 상대적으로 덜 발생하는 재현 방식이다. 예를 들어, 이미 죽은, 이 세상에 존재하지 않는 사람이 남긴 작품이나 글을 그대로 전시하거나 드러내는 것이 미학적 재현에 해당한다. 따라서 미학적 재현은 정치적 재현과 비교해 볼 때 가능한 한 제3자의 해석이나 분석을 거치지 않은 채로 서발턴의 목소리와 사람들을 만나게 한다. 한국에서 공유되었던 〈소녀이야기〉라고 하는 짧은 동영상이 이 미학적 재현의 좋은 예가 될 수 있을 것이다. 위안부 여성의 삶을 제3자에 의해서 전해 듣고 분석하는 것이 아니라 본인의 삶을 할머니께서 자신의 목소리로 들려주는 이야기를 영상화했기 때문이다. 세월호 사건이 있었을 때, 음악가와 미술가가 되기를 꿈꾸었던 학생들의 삶을 전시했던 것들도 미학적 재현에 가깝고 이러한 방법은 최대한 그 사람의 삶을 있는 그대로 전달하고자 애쓰려는 노력이 담길 수 있다.

　스피박의 정치적 재현과 미학적 재현의 구분, 그리고 정치적 재현에 대한 비판은 상당히 시사하는 바가 크다. 지식인이 무언가를 전달하려고 할 때, 그는 관찰자의 입장에 서기 쉽다는 것, 그리고 자신의 '의도'와 '목적'을 위해 현실을 왜곡하기도 한다는 것을 날카롭게 지적한다. 지식인이 서발턴의 이야기를 일관되게 묶어내고 전달하려는 목적은 사실상 불가능하다는 것을 일깨운다. 따라서 깨어있음과 겸허함을 동시에 요구하고 있는 셈이다.

● ● ● ●

스피박이 '서발턴'으로 주목하는 이들은 누구인가?

　스피박은 지배단어로 누군가를 정의내리다 보면 그 정체성이 왜곡되거나 허구화될 수 있음을 경계하기 때문에 '서발턴'이라는 단어를 사용하였다. 서발턴이라는 말은 엄격하게 계급적으로 혹은 일관된 정체성으로 표현될 수 없는 복잡성과 유연성을 갖고 있다. 이 용어는 안토니오 그람시가 감옥에 있을 때 검열을 피하기 위해서 '프롤레타리아'라는 용어 대신 사용했던 단어다. 군대에서 '하급 장교'라고 불리는 단어지만, 그 뜻은 사실 프롤레타리아를 대체하면서도 더 확장시키는 상징성을 갖고 있고, 따라서 그 의미가 사실상 더 급

진적일 수 있는 은폐용어다. 데리다의 '타자'와 달리 구체성을 갖고 있으면서도 유연한 상징성을 갖고 있다. 이 단어는 엄격한 계급분석 용어는 아니면서도 모든 사람을 포함할 수 있는 장점을 가진다. 또한 서발턴이라는 단어에는 가라앉아 있기 때문에 눈에 잘 띄지 않는 사람을 뜻하는 의미도 있다. 서발턴은 역사의 저반부에, 힘의 구조의 아래에 있지만, 그러나 이 사회와 역사를 움직이는 실질적 힘이 되는 사람들이다.

스피박은 서발턴을 특정한 사람으로 지칭하지는 않는다. 하지만 상징성을 가지고 소개하는 인물들이 있는데, 앞서 이야기한 것처럼, 지배단어와 해방담론으로는 설명될 수 없는 여성들이 그 주인공이 될 때가 많다. 그들 중 하나가 데비(Devi)라는 소설가가 쓴 『젖어미(Breast Giver)』라는 소설에 등장하는 여성 자쇼다이다. 자쇼다의 남편은 가게에서 물건을 훔쳤다가 부잣집 막내아들에게 발각되어 불구가 되고 만다. 자쇼다는 불구가 된 남편을 부양하기 위해 자신의 아이를 낳고도 브라만 가정의 직업 유모(젖어미)로 들어가 자신의 아이가 아닌 다른 사람의 아이에게 젖을 물려가면서 생계를 유지해야 했다. 그러다 나중에는 유방암에 걸려 비참한 죽음을 맞이하게 된다. 이 여성의 삶은 사실 많은 인도 여성, 특히 하층계급 여성의 다양한 삶 중에 하나의 이야기에 속한다. 그러나 자쇼다의 삶을 상징성을 띤 대표적 이야기로 해석하려는 사람들이 있는데 그 거대담론 중 하나가 민족해방담론이다. 그들은 '여성' 자쇼다에게 주목하기 보다는 인도해방을 이끈 해방의 주역중 하나로 읽으려 한다. 데비도 이 민족 해방론자들처럼 자쇼다의 삶을 '어머니 인도'의 은유로 그리고 있다. '어머니 인도'로 상징되는 자쇼다는 그러나 '인도사람'의 하나로 인도 의 식민지와 해방이라는 역사 속에서 비극적으로 죽었으나 해방과 함께 그 삶도 가치 있게 재해석되는 인물로 묘사된다. 그러나 스피 박은 이러한 방식은 하층민 여성으로서 왜 자쇼다가 자신의 아이가 아닌 다른 사람의 유모로 살아가야 했으며, 인도가 해방되는 것이 이 여성의 삶에 무슨 의미가 있었는가라는 질문을 묻지 않는다고 비 판한다. '어머니 인도'는 해방되었지만, 정작 그 상징을 담고 있는 자 쇼다의 몸은 암세포로 뒤덮인 채 비참한 죽음을 맞이해야 했다. 따 라서 스피박은 자쇼다를 '어머니 인도'를 상징하는 하나의 유비로 읽 어내는 것에 반대하면서 인도사회가 갖고 있는 식민지적 가부장적 모순을 드러내는 젠더화된 여성으로 자쇼다를 읽으려고 시도한다 (Spivak, In other worlds, 248). 인도해방담론에서는 식민지와 독립이라는 구도로만 자쇼다의 삶을 읽어내지만, 스피박은 식민지와 독립이라는 문제 외에도 이 여성을 누르고 있었던 중층된 억압의 기제 즉 경제 적 억압과 남편을 부양하려 자신의 아이와 자신의 몸을 포기할 수 밖에 없었던 현실을 교차시켜서 읽어야 한다고 주장한다.

스피박은 민족해방담론에서 묘사하듯 인도가 해방된 것과 자쇼 다의 삶은 사실 무관한 것이나 다름없다고 비판한다. 인도를 영국 식민지로부터 해방시킨 민족운동가들이 마치 이러한 카스트 계급 여성까지도 해방시킨 듯이 묘사하지만 그 민족해방담론 구조에서는 그 여성의 세세한 고통과 비인간화의 경험을 담아낼 수 있는 시각은 존재하지 않는다. 프롤레타리아 계급해방을 아무리 주장한들, 식민지로부터의 인도 해방을 향해 투쟁한다고 한들, 자쇼다의 처절한 인생현실은 전혀 개선되지 않고, 오히려 더 가려지고 배제되어 왔다는 것이다.

다른 하나는 서구여성해방론자들이 이야기하는 출산에 대한 정의이다. 이들은 출산이나 양육은 임금을 받아서는 안 되는 가사노동으로 규정하고 있고, 그에 따르면 자쇼다는 불구의 남편을 부양하기 위해 모성성과 양육이라는 것을 수단시하는 인물로 해석할 수 있다. 그러나 만약 모권보호와 어머니의 주체성과 존엄성을 주장하면서 '여성의 출산과 가사노동이 생계수단으로 전락할 수는 없다'고 말한다면, 그것은 누구의 관점에서 제기되는 주장일까? 과연 이 주장은 무슨 방법을 써서라도 생존과 양육을 해야 하는 여성들에게도 해방적인 담론일 수 있을까? 이런 점에서 본다면, 모권과 양육권, 그리고 여성의 주체성과 존엄성을 지켜야 한다는 여성해방론자들의 거대담론은 생계를 유지하면서 무엇이라도 해야 하는 가난한 여성들에게는 그저 거대하고 공허한 '담론'에 그치고 만다. 누구의 관점에서 무슨 이야기를 하고 있느냐를 염두에 두고 있는 스피박에게는 끊임없이 '재현'과 인식론적 폭력의 문제가 드러날 수밖에 없다.

스피박이 거대담론에 '틈새'를 내는 서발턴으로 예를 드는 또 다른 인물은 '바두리'라는 여성이다. 바두리는 열여섯 혹은 열일곱 살에 아버지 집에서 목을 매어 죽은 채로 발견되었다. 이 여성의 죽음에 대한 여러 가지 해석이 나오는 데, '과부희생 관습'을 따라 자살했다고 보는 의견이 가장 유력했다. '바두리'의 이야기를 시작하기 전에, '사티(Sati)'를 둘러싼 여러 가지 해석들을 살펴볼 필요가 있다.

인도의 과부희생 관습인 '사티'는 여러 가지 복잡한 의미와 관점을 갖고 있다. 가장 일반적인 관점은 서구적 시각으로, 인도 같은 미개한(?) 국가만이 갖고 있을 수 있는 가부장적이고 남성 중심적인 관습으로 사티를 보는 것이다. 서구적 관점에서 보면 사티는 자신의 의사와 관계없이 남편이 죽으면 따라 죽어야 하는 관습이기 때문에, 인권과 주체성이 존중되지 않는 매우 반여성적인 풍습이라고 할 수 있다. 실제로 영국 정부는 과부희생 관습을 법으로 금지시켰는데, 그들은 이 사건을 "백인 남성이 인도 여성을 인도 남성으로부터 구제한 것(white men saving brown women from brown men)"으로 자랑한다. 여기에는 영국이라는 나라에는 가부장적인 폭력 관습이 없고 과부희생 관습은 오직 미개한 인도에만 있을 법한 풍습이라는 선입견이 존재한다. 또한 이 법이 폐지되었다는 사실이 보장하는 것은 미개한 인도 여성을 구출한 자신들의 자랑스러움일 뿐, 정작 인도 여성이 그것을 어떻게 이해하고 있고 어떻게 대응하여야 할지에 대한 문제는 간과되고 있다. 즉, 실제 인도 여성의 살아가는 삶의 현실에 이러한 변화가 어떠한 결과를 가져올 지에 대해서 그들은 관심을 두

지 않는다.

다른 한편으로 인도 민족주의와 힌두교 관점에서 보면, 인도 여성들이 남편을 따라 죽는 자발적 자살은 매우 신성한 행동으로 칭송된다. 힌두교는 자살을 엄격히 금하고 있지만 과부희생 관습만큼은 예외적으로 여성에게 허용된 종교적 신성 행위였던 것이다. 즉 힌두교 전통주의적 시각에서 보자면, 과부희생을 감행하는 여성들은 비록 남편을 따라 죽기는 하지만 이를 통해 '좋은 아내'와 신성한 신앙인이 되는 기회를 누린다는 것이다. 힌두교에서는 여성들은 스스로의 힘으로 구원될 수 없고 반드시 남성을 위해 희생할 때 구원받을 수 있다고 보기 때문이다. 따라서 사티로 자발적 죽음을 선택하는 여성들은 자기에게 주어진 최대의 신성한 구원행위를 누리는 것이다. 이렇듯, 서구의 시각은 너무나 비극적으로 힌두교 전통은 너무도 긍정적으로 이 풍습을 해석하고 있다. 이 극과 극의 시각 어디에서 우리는 인도 여성 당사자들의 목소리를 들을 수 있을 것인가?

스피박이 주목하는 것처럼, 인도의 전통적 관점으로 보거나 영국의 제국주의적 관점으로만 본다면 정작 현실 속의 여성들이 어떤 마음으로 죽은 남편을 따라 자살을 감행하는 지 알 수 없게 된다. 이와 같은 과부희생 관습을 둘러싼 담론들을 분석하면서 스피박은 자신만의 논리와 선입견을 잣대로 서발턴을 보려 할수록 서발턴의 목소리는 정작 더 미궁 속으로 빠질 수밖에 없다는 것을 경고하고 있다.

다시 '바두리'의 이야기로 돌아가 보도록 하자. 사람들은 바두리가 과부희생 관습을 따라 자살한 것이라고 결론을 내렸지만, 나중에 알게 된 사실은, 그녀가 인도 독립을 위해 무장투쟁을 벌인 조직원 중 하나였다는 것이다. 또한 바두리는 결혼한 적도 없고 자살한 장소 역시 남편의 화장용 장작더미가 아니라 아버지의 집이었다. 더 미스터리한 것은 그녀가 '생리 중'에 죽음을 선택했다는 것이다. 이러한 사실은 과부 순장 외에 유부남과 사랑에 빠져 임신하게 되었고, 그래서 자살을 선택했을 것이라는 후대 사람들의 억측을 무너뜨리는 효과를 가진다. 죽은 자는 말이 없으나, 의도적으로 '생리 중'일 때 죽음을 선택했다는 것은 바두리가 무엇인가를 증명하려고 했다는 것을 뜻한다. 과연 그녀는 왜 자살을 감행했을까? 혹시 죽음의 이유를 과부희생 관습이라고 하는 힌두교 관습으로 위장하려는 의도가 있었던 것은 아닐까? 혹은 정해진 사람과만 혼인해야 하는 사회적 관습을 이길 수 없기 때문에 죽음을 선택했던 것일까? 스피박은 이러한 바두리의 죽음에 대해 몇 가지의 의미를 끌어내는 데, 첫 번째 이유는 그녀의 죽음 이후 10년이 지난 후에 그녀가 언니(스피박의 어머니)에게 남긴 편지를 읽어냄으로 밝혀지게 된다. 바두리에게는 정치적으로 중요한 인물을 암살하라는 명령이 내려졌고, 그녀는 이 명령을 수행할 수도, 수행하지 않고 맡겨진 책임을 회피할 수도 없었기에 두 가지 선택을 다 포기하고 자살을 선택했다는 것이다(모리스, 133).

둘째는 바두리가 '의도적으로' 생리가 시작되기를 기다려서 자살했다는 것이다. 자신이 임신하지 않았다는 것을 증명하기 위해서, 다시 말해 불법적인 연애관계에 있지 않았다는 것을 증명하기 위해 그러한 시간적 계획을 세웠다는 것이다. 인도 사회에서는 처녀가 자살하면 누구나 다 그 이유를 불륜으로 곧바로 연결시킨다고 한다(모리스, 215). 그렇기 때문에 바두리는 자신의 '결백'을 증명이라도 하듯 일부러 생리를 기다렸다가 그때에 맞추어 자살한 것이다. 스피박이 알아 낸 이 두 가지는 기존에 바두리에 대해서 해석해왔던 수많은 오류적 추측들을 잠재울 수 있었다. 적어도 바두리가 죽음으로 말하려고 했던 것까지는 스피박의 끈질기고 세밀한 노력으로 가까이 다가갈 수 있었다고 할 수 있다.

또한 생리 중에 죽었다는 것은 오염된 때가 아니라 깨끗한 때 과부희생으로서 자살해야 한다는 사회적 관습까지도 무력화시키는 행위일 수 있다. 관습적으로 과부희생을 준비하는 여성들은 생리를 피해서 죽음을 선택하기 때문이다. 이러한 점에서 볼 때 스피박에 의해서 재발견된 바두리의 죽음은 과부희생이라는 관습에 대해서도, 인도 독립운동가적 견해에 대해서도 일종의 '전위'와 '항거'의 증거라고 할 수 있다. 바두리는 여성의 몸을 통해 자신이 말해 줄 수 있는 최대치의 말을 하고 있는 셈이고, 이로써 그녀의 죽음은 민족주의, 영국적 제국주의, 그리고 사티를 둘러싼 여러 가지 담론들을 해체시키고 있다.

이처럼 바두리는 데리다의 '타자'로 스피박의 '서발턴'으로 유령과 같이 쉽게 발견될 수 없는 이야기를 갖고 있는 존재이면서 동시에 기존의 담론의 한계를 드러내는 역할을 한다. 바두리라는 여성은 역사 속에서 인류가 형성해 온 모든 담론 속에서 "침묵당한" 전형적인 서발턴의 '상징'이라고 스피박은 역설한다. 스피박이 알아낼 수 있었던 바까지는 추측해 볼 수 있다고 하더라도 (왜 생리 중에 죽음을 선택했는가?) 정작 무엇을 말하려 했는지는 영원히 가려져 있기 때문이다. 바두리는 그녀 자신의 몸을 통해 우리에게 무언가를 전달하려했지만, 역설적이게도 남겨진 담론들은 그녀를 찾아내지 못했던 것이다 (Spivak, A Critique of Postcolonial Reason, 246-247).

이렇듯이 지식인이 단순한 역사적 자료들만을 가지고, 게다가 수많은 억측들이 난무하는 가운데 서발턴의 목소리에 귀 기울인다는 것은 불가능한 일이다. 바두리는 자신의 육체와 죽음을 통해 무언가를 말하려고 했지만, 우리가 읽었던 방식은 그녀의 의도와는 전혀 다른 방향으로 진행되고 있었다. 바두리가 진정으로 의도한 것이 무엇이었는지, 어떤 안타까움과 슬픔을 표현하고 싶었는지, 어떤 복잡한 삶의 상황 속에서 결혼하지 않은 여성이 죽음을 선택했어야 했는지에 관한 것은 불가능한 가능성으로 남을 뿐이다. 과부희생 관습을 읽어내는 담론으로서도, 인도독립운동 담론으로서도, 그리고 젊은 여성에게 일어날 수 있을법한 상식적인 추측에 의해서도 그녀의 독특한 고통과 슬픔을 읽어낼 길이 없다.

공식문서의 기록에서, 혹은 읽어내고자 하는 담론을 통해서 이 여성이 과연 어떤 삶을 살았고 왜 죽어야 했는지 알아낼 수 있을 것인가? 죽은 자는 말이 없고, 상식과 편견적 지식으로 똘똘 뭉쳐서 해석해내는 지식인들의 관점에서 읽어내고 재단하려고 할수록 서발턴은 말할 수 없다. 정확하게 말하면 '말할 수 없다'기보다는 그들이 말하려고 해도 그 목소리가 왜곡되어서 남겨지기 때문에 점점 더 우리는 '들을 수 없다'고 하는 것이 맞을 것이다.

스피박이 특별히 서구 페미니즘과 민족독립운동가들의 시선과 글쓰는 방식을 날카롭게 비판하는 데는 그럴만한 이유가 있다. 정작 누군가를 해방시키기 위해, 누군가의 억압을 알려낸다는 목적 하에, 그들이 보고 싶은 대로, 그들이 꾀하는 목적대로 서발턴의 삶과 현실을 허구적으로 그려내기 때문이다. 여성해방 담론은 그 아래 자라고 있는 서구 우월주의와 제국주의의 시선을 의식하지 못하며, 민족해방 담론은 그 아래 목소리 없는 여성이 겪는 또 다른 형태의 억압을 읽어내지 못한다. 서발턴은 따라서 늘 '대상화'되고 '왜곡된' 존재로 재현될 뿐이고, 정작 그들이 하고자 했던 것, 원했던 것, 싸워왔던 것은 무엇인지에 대해 지식인들과 기득권자들은 세밀하게 귀 기울이려 하지 않기 때문이다. 목적성과 해방담론이 오히려 서발턴의 고통과 현실을 담아내지 못한다면 그것은 차라리 아무 말도 하지 않는 것보다 더 위험하고 심각한 결과를 초래하고 만다.

모든 운동과 목적의식적 담론에는 늘 "이렇게 이렇게 해야 한다"는 원칙과 목적의식이 존재하기 마련이다. 여성해방 담론에서는 여성의 해방이라는 목적이 존재하고, 프롤레타리아 혁명에서는 빈부의 격차를 해체한다는 목적이 존재한다. 그러나 이러한 목적의식을 강하게 갖고 있을수록 역설적이게도 우리는 해방되어야 할 사람들을 대상화시키는 경우가 더 많다. 운동을 추진하고 사람들을 모아내고자 하는 이들일수록 ―지식인을 포함해서― 그들이 의도하든 의도하지 않던 사람들에게서 배우고 귀 기울이기보다는 내 생각과 내 목적을 그 사람들에게 부여할 때가 더 많기 때문이다. '내'가 더 많이 알기 때문이고, 내 방법과 목적의식이 더 옳다고 여기기 때문이다. 그 사람의 고통과 현실에 관한 한 내가 아니라 그 사람이 더 잘 알고 있고 더 현실적으로 부딪치고 있는데도 말이다.

• • • •

나 자신을 원점화(unlearn) 한다는 것

나의 이해와 상식이 닿을 수 있는 한계는 과연 어디까지일까? 내가 배운 지식으로 내가 살면서 정리해 놓은 정보와 이분법적 정리방식으로 같이 공감하고 아파할 수 있는 사람은 과연 몇이나 될까? 상대적으로 어려운 환경에 살아가는 사람일수록, 다른 사람이 누리는 기회와 안락함을 누리지 못하는 사람일수록, 그 고통과 슬픔이 헤아릴 수 없이 깊어질 수밖에 없다. 박탈감과 자괴감, 스스로에 대한 비난, 사회적으로 쏟아져 나오는 화살들로 인한 상처… 그런 것을 견 뎌내고 이겨내느라 짓이겨진 그 깊은 상처를 동일한 크기로 겪어보 지 않은 사람은 감히 그것을 가늠할 수 없다. 그럼에도 적당히 누리 고 사는 사람이 그 잣대로 그 깊은 고통과 슬픔을 헤아린다고 한다 면, 그것은 기만일까 허영일까?

신영복이 서울대에서 강연한 내용을 담아 출판한 『여럿이 함께 숲 으로 가는 길』에 따르면, 그는 자신이 졸업한 서울대도 중요한 대학 이었지만, 1968년 통일혁명당 사건에 연루되어 감옥에서 보낸 시간 이 더 큰 배움의 시간이며 감옥이 그의 진정한 '대학'이었다고 고백 한다. 그 이유는 그가 서울대에서 경험하지 못한, 책을 통해 얻지 못 한 것들을 감옥에서 배우고 깨달았기 때문이다. 그 책에서 신영복 은 의식적으로 무의식적으로 배운 사람과 배우지 못한 사람, 정상인 과 범죄자를 구분하는 이분법적 사고에서 자신도 자유롭지 않았다 고 고백한다. 그는 '지식인인 내가 그들을 어떻게 분석하는가?'가 아 니라 '그들은 나를 어떻게 생각하고 있는가?'를 묻기 시작하면서 감 옥에서 만난 사람들을 '대상화' 시키고 있는 자신을 의식하고 사고를 전환하게 되었다고 한다. 그 대상화의 주축이 되는 사고방식은 바로 '나'는 너희(타자)와 다르다'는 것이고, 그 사람들은 나보다 무식하고 모자랄 것이라는 선입견이었다고 고백하고 있다.

그런 예로 등장하는 것이 목수들이 집을 그리는 것과 일반 사람 들이 집을 그리는 것이 어떻게 다른지 소개하는 이야기다. 직접 몸으로 집을 지어 본 사람들이 집을 그리는 방식은 일반 사람들이 무턱대고 지붕부터 그려나가는 방식과 다르다. 밑에서부터, 집의 기초가 되는 주춧돌부터 시작해서 그 위에 지붕을 올리는 방식으로 집을 그리는 것이다. 머릿속으로 집을 생각하기만 하는 사람과 몸으로 집을 지어 본 사람의 현실과 언어는 상당히 다르다. 머리에만 머물러 있는 사람들은 몸으로 현실을 만나는 사람들의 경험을 이해하기 어렵다. 그렇기 때문에 책과 지식을 통해 세상을 보아온 사람들은 머리에서 가슴으로 옮겨가는 시간이 다른 사람보다 오래 걸린다는 것을 깨달았고, 그것을 감옥에서 배웠다고 신영복은 고백한다.

또 '대의'라는 이름을 가진 서른 살 넘은 젊은이가 있었는데, 신영복은 부모님이 '큰 사람' 되라고 이름을 큰 뜻(대의, 大義)이라고 지어주었다고 생각했다. 절도에 전과가 세 번 쯤 되기 때문에 그 젊은이를 보면서 그 부모님은 얼마나 속이 상할까, 그가 부모님 뜻을 저버리고 인생을 참 열심히 살지 못했구나!라고 생각 했다고 한다. 그러나 정작 그 청년에게 그 이름을 누가 지어주었느냐?라고 물었을 때, 그 청년은 부모가 없는 고아였고, 그 이름 또한 고아원이 있던 곳이 광주의 '대의동'이어서 그 명칭을 따서 지어진 이름이라고 대답을 했다. 신영복은 이때 매우 큰 충격을 받았다고 한다. 문자 위주의 사고방식을 하고 있는 사람이라 그 험난한 삶을 글자로 재단하는 오류를 범한 자신을 발견하게 된 것이다.

이전까지 그냥 감옥에 수감된 사람들을 룸펜 프롤레타리아라고,

'범법자'라고만 생각해 왔지만, 좁은 공간에서 몸 부대끼며 사는 동안 신영복은 그들을 바라보는 시선이 달라지는 경험을 했다고 한다. 그 사람들의 처지와 삶의 내력을 들으면서 그 인생에 대해 이해하게 되고 공감이 되었던 것이다. 머리로 이해하는 것이 아니라 가슴으로 그 이야기들을 받아 안으면서 신영복이 갖게 된 생각은 바로 '나도 이 사람 같은 상황이었으면, 이렇게 살아가고, 이런 현실을 겪게 될 수밖에 없었겠구나!'라는 것이었다. 이런 결정적 변화를 준 공간이기에 신영복은 20년의 수형생활을 '제2의 대학'이라고 불렀다. 그 사람의 인생과 현실을 겪어보지 않고서 그 사람에 대해 함부로 이야기할 수 없다고 하는 점을 필자 또한 절실히 느끼면서 그 책을 읽었다. 그 어떤 논리적 지식보다 감명과 혜안을 주는 글이었다.

스피박이 겪었던 경험, 그녀가 물고 늘어졌던 고민도 신영복의 질문과 크게 다르지 않다고 생각된다. 스피박은 상류층 여성이자 지식인으로, 그것도 인도 출신 북미학자로 살게 되기 전에, 어렸을 때 자신이 겪었던 경험을 이야기했다. 1950년대 쯤, 그 당시 할아버지 집에서 빨래를 하던 여성들이 서로 주고받던 대화를 들을 기회가 있었다. 그 여성들은 동인도회사에 대해서 이야기하고 있었는데, 스피박이 기억하기로는 그 회사의 토지 소유권이 영국으로, 다시 영국에서 인도로 옮겨가는 과정도 모른 채 자신들의 현실만을 이야기했다는 것이다.

따라서 스피박은 그 여성들이 땅에 대한 중요한 정보도 모르고 있는 그야말로 '무식한' 사람들이었고, 틀린 정보를 제공했다고만 생각했다. 그러나 스피박은 필요한 지식을 다 배우고, 자신의 관심에 중점을 둔 전문적인 학위를 받은 후에, 그 당시 자신의 판단이 얼마나 섣부르고 자신만의 '계급'에 한정된 사고였는가를 발견하게 되었다. 동인도회사의 토지소유권이 인도에 있든 영국에 있든, 그 여성들에게 돌아오는 실질적 현실은 바뀌지 않았고, 여전히 그들은 가난한 인도의 하층계급으로 살아야 했던 것이다. 그들에게 정작 중요한 것은 동인도회사의 토지소유권을 누가 갖고 있느냐가 아니라, 자신들이 얼마만큼의 노동의 댓가를 받을 수 있는가, 얼마나 더 나은 환경에서 살 수 있느냐의 문제였다는 것을 스피박은 나중에야 깨달았다. 오히려 자신의 선입견이 틀렸고, 그 여인들은 정확한 문제제기를 갖고 있었던 것이다.

국가가 독립하고, 한 회사의 소유권이 누구에게로 옮겨지고, 해방담론이 얼마나 정교하게 세워지느냐의 문제와 상관없이, 가난하고 열악한 상황에서 살아가는 서발턴의 삶이 변화되지 않는다면 과연 그 역사와 해방과 독립은 진정한 '변화'일 수 있을까?

스피박의 분석과 비판의 대상이 된 지식인들 중에는 '서구적 주체'를 재해석하고 해체하고자 하는 진보적 지식인들도 포함되는 데, 바로 질 들뢰즈와 미셸 푸코가 그런 사람들이다. 이들은 피억압자들이 사실은 자신을 잘 표현할 수 있고 재현할 수 있다고 주장한다. 첫째는 피억압자들도 지식인과 억압자와 동일한 맥락에서 욕망을 가지고 있는 존재이기 때문이고, 둘째는 자신의 느낌과 생각을 표현하는데 있어서 지식인만큼은 아니어도 어느 정도는 자신을 표현할 수 있다고 믿었기 때문이다. 그러나 스피박은 푸코나 들뢰즈는 이러한 담론의 형성구조에 있어서 자신들을 '투명한' 존재로 인식하고 있다고 비판한다. 다시 말해 이들은 유럽인들이 가질 법한 '편견'과 '제국주의적' 의도가 자신이 표현해 내는 그 타자들을 묘사해 나갈 때 작용하지 않고 있다고 착각하는 것이다(모리스. 73-75).

그들 스스로는 이제부터 "심판관이나 보편적 증인" 같은 역할을 하지 않겠다고 선언하지만 여전히 그들은 그들의 선입견과 판단으로 피억압자들의 주체를 대변하고 있는 자신을 발견하지 못한다. 구체적으로 푸코는 프랑스 자본주의에 대해 비판적인 견해를 피력하는 대목에서 이민 노동자, 젊은이, 그리고 교육 체계의 피억압자들을 언급하고는 있지만, 한때 프랑스의 식민지였던 아프리카에 대해서는 억압의 구조를 읽어내지 않는다. 또한 그는 마르크스주의의 한계를 언급하면서 새로운 형태의 노동억압과 권력의 문제를 다루고는 있지만, 다시 말해 투쟁은 부르조아 대 프롤레타리아의 대립이 아니라 '권력'에 맞서 투쟁하는 것이라고 설명하고는 있지만, 스피박이 보기에는, 권력에 대항하는 '타자'들의 얼굴이 마르크스주의만큼이나 추상적이고 유토피아적이었다. 여자들, 죄수들, 징집된 군인들, 환자들, 동성애자들 등, 여러 종류의 사람들이 프롤레타리아와 합류해서 권력에 대항하는 투쟁을 할 수 있다는 것인데, 이러한 종류의 사람들은 북반구—제1세계—중심의 권력관계에 대한 분석은 될 수 있을지 몰라도 남반구—제3세계—에서 일어나는 복잡한 억압관계와 폭력을 설명하지는 못한다. 스피박에 의하면, 유럽 제국주의가 작동하는 기제는 잘 분석할 수 있을지 모르나 신자유주의의 메커니즘을 가능하게 하는 광범위한 제국주의와 그에 따른 억압의 현실들은 푸코의 분석에서는 등장하지 않고 있다(모리스, 93). 스피박이 푸코와 들뢰즈 등의 주체 해체주의자들마저 비판하는 이유는 그들이 서구 형이상학적 '주체'에 대해서는 해체적일 수 있겠지만, 그들 스스로가 갖고 있는 서구적 시각의 한계를 깨닫는 데는 실패했기 때문이다. 서구식 권력분석으로는 파악할 수 없는 더 복잡화되고 중층화된 권력관계(예를 들자면, 자본주의뿐 아니라 제국주의와 가부장주의가 연결된 인도와 스리랑카 여성들의 억압현실)를 그들은 분석해 내지 못한다. 따라서 그들이 대변하고 해방하고자 하는 피억압자들의 얼굴에는 아직도 대변되고 재현될 수 없는 서발턴의 얼굴이 그림자처럼 남아있다.

많은 경우 지식인들이 바라보고, 해석하고, 전달하는 그 작업이 때에 따라서는 오히려 더 복잡하게 얽혀있는 문제들 속에 살고 있는 서발턴의 삶을 더 가리고 지우게 된다. 자신들이 가장 완벽하게 서발턴의 삶을 '직접적이고 구체적으로' 묘사한다고 생각하는 그 순간에도, 그 서발턴은 나에 의해서 '그려지고 있고' 왜곡되고 있다는 것을 인지해야 한다.

내 앞에 있는 저 사람은, 저 타자는 자신의 경험을 있는 그대로 일

목요연하게 설명할 수 있는 존재로 거기 있지 않다. '타자'는 나의 한계와 선입견을 상기시키는 존재로 거기에 있다. 내가 아무리 갖은 노력을 동원해서 그녀를 재현하려고 해도, 혹은 재현하지 않으려고 해도, 내 선입견과 지식은 늘 어떠한 형태로든 왜곡된 서발턴을 만들고 있다. 우리의 책임성은 따라서 무제한이 될 수밖에 없다. 가장 근접하도록, 가장 덜 왜곡되도록 최선을 다해 끊임없이 '주체'로 행사하는 나를 인식하면서, 동시에 서발턴에게 개입하고 같이 동행하도록 두 방향의 노력을 다 해야 한다.

• • • •

맺는 말: 서발턴을 향한 영성-배우기 위해 눈멂

목소리 없는 이들의 세세한, 어찌 보면 보편적 이해를 넘어서는 현실을 알기 위해서는 공통점보다 차이와 특수성이 강조되어야 한다. 그 이유는 앞서 말했듯이 공통성과 지배담론이라고 하는 것은 지식인과 힘을 가진 사람들의 통계수치와 판단에 많이 맡겨져 왔기 때문이다. 이런 의미에서 볼 때, 지식인들이 쓰는 담론들이 한계가 있음을 우리는 알만큼 알아도 결코 모자라지 않다. 게다가 다른 학문은 어쩔 수 없다고 해도 해방 지향적 담론 즉 여성신학이나 민중신학 등에 대해서는 우리는 더 많은 주의와 경계를 하여야 한다. 우리나라의 대표적인 해방담론 중 하나인 민중신학은 그 어느 신학적 학문보다도 '서발턴'의 삶을 드러내고 집중하려 노력했던 학문이다. 그렇기에 가지게 되는 안타까움이 있는 데 그것은 민중신학은 재현을 피할 수 없기 때문이다. 다시 말해 민중을 소개하기 위해 지배단어를 사용하고 공통점으로 묶어내야 한다. 민중신학 내에서도 '민중'이 어떤 삶의 형태로 존재하는 가에 있어서 많은 의견이 있어왔고, 지금도 여전히 그 딜레마는 풀리지 않고 있다. '민중'에 대한 생각도 '민중이 다양화되었고 복잡화되었기 때문에 섣불리 정의 내려져서는 안 된다'라고 하는 입장과, 이러한 다분화된 민중임에도 불구하고 '함께 싸울 수 있는 공통성이 존재하여야 한다.'고 주장하는 사람들도 있다. 이 둘 사이에서, 즉 각자의 독특성을 강조할 것인가 아니면 연대와 공통성을 강조할 것인가 사이에서 여전히 고민하고 있는 현실이다.

필자가 제안하고 싶은 것은 공통점과 목적의식의 정립보다는 다양한 목소리를 살리면서 과정 중에 있는 현실을 드러내자는 것이다. 공통점과 공통의 목적을 지향하다보면 어쩔 수 없이 현실을 사는 사람들을 줄 세우게 되고, 그러면서 세미한 서발턴의 소리를 놓칠 수 있기 때문이다. 분명한 목적의식과 그에 따른 규합과 결의도 중요하지만 동시에 그 소리 안에 묶일 수 없는 차이와 한계에 대해서도 민감할 수 있어야 한다. 예컨대, 해고의 문제를 다룰 때에는 경제적 갈등의 문제를 들여다보면서도 그 속에서 젠더의 문제가 얽혀져 나타나는 현상들은 또 다르게 볼 수 있어야 하듯이 말이다. 스피박은 이를 전략적 본질주의(strategic essentialism)라고 했다. '노동자'라고 하는 공통점으로 출발하지만 그 본질만으로는 담아낼 수 없는 차이들—여성, 성소수자, 장애인 등—이 만나졌을 때는 그 본질을 해체할 수도 있는 그런 융통성을 가져야 한다.

민중이 누구인가를 세워나가면서도, 그 민중의 정의가 담아내지 못하고 있는 사람들이 누구인가를 끊임없이 해체하고 새로 정립해 나가야한다. 민중을 정의하고 전략을 세우는 학자와 운동가들의 언어로 담아질 수 '있는' 사람들이 있는 반면 담아낼 수 없는 사람들이도 있다는 것을 기억해야 한다. 그들의 현실을 언어로 표현하고 싸움의 방향성을 잘 잡아나가는 사람도 있을 수 있지만, 무력감에 어디서부터 시작되어야 하는 지, 구체적으로 어떤 고통을 겪고 있는 지에 대해 언어화 할 수 없는 사람들도 분명 존재하기 때문이다.

따라서 민중신학과 같은 해방담론에서 먼저 보편성보다는 특수성에 귀 기울이는 노력을 더 철저하게 해야 한다. 그리고 내가 알려내고 싶어 하는 피억압자가, 그 서발턴이 나의 의지와 욕망만으로 '재현'될 수 없는 존재라는 사실을 항상 상기해야 할 것이다. 무언가 이야기를 쓰고 있는 나 자신이 항상 한계 지워진 존재라는 것을 자각하는 것 또한 우리가 갖추어야 할 필요조건이다. 이러한 겸손함과 철저함으로 공감과 연대의 깊이와 높이를 키우다 보면 훨씬 더 성숙한 해방담론이 될 수 있을 것이다.

우리 모두는 각자의 '사막'을 가지고 있다. 그러나 그 사막의 모습은 다들 다르다. 어떤 이는 사랑하는 가족을 잃은 슬픔의 모습을 갖고 있을 것이고, 어떤 이는 좌절된 꿈 앞에서 하염없이 무너지는 자신의 모습을 바라다봐야 하는 상실감을 갖고 살아간다. 어떤 이는 다른 사람에게 너무도 당연하게 허용된 기본적 삶조차 누리기 어려워 하루하루가 전쟁 같은 생존을 견뎌내며 살아가기도 한다. 어떤 때는 그 사막이 매우 친숙하고 견딜 수 있는 무게로 다가오기도 하지만 어떤 때는 매우 낯설고 피하고 싶을 만큼 두렵게 다가오기도 한다. 사회에서 사람들이 이러한 사막을 덜 갖고 있느냐 없느냐를 어떤 획일화된 기준으로 나눌 수야 없겠지만, 경제적, 계급적 기준도 그것에 영향을 줄 것이라고 생각한다. 삶의 기초적 욕구들이 충족되는 사람이 충족되지 않는 사람의 현실을 이해할 수 없고, 원하는 만큼 배우고 누려본 사람이 그런 것들이 허락되지 않아서 상실감을 갖고 사는 사람들의 아픔을 짐작할 수 없다. 그 깊이와 넓이를 가늠할 수 없는 고통을 조금이라도 이해할 수 있는 시작은 역설적이게도 '내 경험과 관점으로 감히 그녀의 고통을 이해할 수 없겠구나!'라고 하는 불가능성을 인식하는 것이다. 이러한 겸손한 자각과 자신의 한계에 대한 깨달음 없이는 우리는 서발턴의 고통에 말걸 수 없다.

필자가 데리다와 스피박의 이야기로 타자와 서발턴의 고통에 대해서 이야기한 것은 사실 '신비주의와 부정신학'이 그 출발점이었다. 그리고 글을 마치면서 드는 생각은 데리다의 '타자에 대한 분석, 그리고 스피박의 '서발턴'에게 주목하려는 방법이 우리에게 주는 것은 상당부분 매우 '영성적'이라고 하는 것이다. 내 이해 너머에 있고, 내가 다가갈 수 없는 '신'을 만나기 위해서 나는 많은 것을 내려놓아야 한다. 욥기에서 욥이 그 모든 판단과 지식을 내려놓고 "아 나는 모르는 게 많습니다."라고 고백했을 때 더 가까이 느꼈던 그 하느님처럼, 세상에는 오히려 내 경험과 지식으로 감히 판단할 수 없는 아픔과 슬픔을 가지고 살아가는 사람들이 있다. 하느님에게 다가가는 방법이 나의 '무지함'을 자각할 때 더 쉬워진다고 한다면, 마찬가지로 내 지식과 내 선입견 너머에 있는 '서발턴'에게 다가가기 위해서는 나의 편견과 재단을 끊임없이 내려놓는, 잊어버리는, 원점화(unlearn)시키는─어떤 이는 이 단어를 "배우기 위해서 잊는"(모리스, 16-17)것으로 표현한다─노력이 있어야 한다.

사회적으로 존재하는 사람을 향한 여러 가지 이분법, 그리고 경제적, 계급적 기호로 사람을 판단하려는 선입견을 내려놓는 마음의 공부가 무엇보다 필요하다. 사회적 잣대로, '갑'과 '을'로, 가진 자와 못 가진 자 라는 구분을 여과 없이 타자에게 적용시키고, 그러한 잣대에 맞추어 글을 쓰고 있다는 것을 시시각각으로 깨달아야 할 필요가 있다. 이것은 가히 '구도'의 과정이라고까지 말할 수 있을 것이다. 신을 향한 구도의 과정이 신에게만 향해 있는 것이 아니라 내 이해 너머에 있는 타자와 '서발턴'에게로도 향해 있어야 한다. 눈에 보이지 않는 신에게로 향하는 것만이 영성은 아닐 것이다. 나에게로 향하는 신비적 탐구과정만이 영성의 길은 아닐 것이다. 그러한 길 못지않게 내 옆에 있으나 내가 두렵고 떨림으로 다가가지 않으면 만날 수 없는 '서발턴'에게로 향하려고 노력하는 것 또한 우리에게 주어진 매우 중요한 영적 과제이다.

스피박에게서 나타나는 이러한 '배움을 위해 잊는' 작업은 매우 구체적이라서, 영적이거나 구도적이라고 하는 말이 어울리지 않을지도 모른다. 스피박은 인도에서의 시절을 잊지 않고 있었다. 동인도회사에 대해서 대화를 나누던 그 여성들을 잊지 않고 있었고, 특별히 바두리의 삶에 대해 스피박은 기억하려고, 그의 삶에 초점을 맞추려고 노력했다. 바두리가 자신의 온 몸을 던져 자신에 대해서 말하려 했던 그 소리 없는 외침에 귀 기울이면서, 스피박은 미국 대학에서 달러로 연봉을 받은 것을 기초로 인도와 중국의 교육과 경제적 복지로부터 배제된 지역에 학교를 세우는 일을 했다고 한다. 알제리에도 가고, 사회주의 마을에도 찾아 가서, 젠더화된 서발턴—해방담론과 페미니스트 담론으로부터도 소외된 여성들—과 대화를 나누고, 그들로부터 들었다고 한다. 스피박의 말을 직접 들어보자.

> 연봉을 받는 교수 일, 정기적 출간, 순회강연과 병행하는 이 이상한 모험이 어떻게 그 흐름[서발턴의 말을 듣는 일]에 자양분을 주고, 또 거기에 의지하는지 나는 모른다. 나는 다만 나를 이 길로 가게 한 것은 부바네스와리 바두리를 읽어보고자 한 시도였다는 것만 알 뿐이다. 내가 뉴욕에 있

을 때 그 부유함을 감지하지 못하듯, 저 학교들에 있을 때는 그 가난함을
알아차리지 못한다.(모리스, 383)

이러한 과정 중에 있으면서도 스피박은 사람들에게 피난처를 마
련해주거나 저항을 위한 공동체를 만드는 것이 그녀 자신의 일은 아
니라고 고백한다. 자신의 자리는 '가르치는 선생'이라는 것을 잊지
않고 있었다. 그리고 가난의 근절, 민주주의의 발전 등을 통해 세상
을 개선하겠다는 목적마저도 '정치적'으로 왜곡될 수 있고, 나 자신
의—주체의—욕망의 산출이라는 것을 때때로 알아야 한다고 경계
한다. 내 이해 너머에, 나의 선입견과 지식, 그리고 경험 너머에 있
는 그녀들에게 가능한 한 다가가지만, 그러면서도, 그들 앞에 무력
하게 서 있는 나 자신의 한계를 끊임없이 인식해 나가는 그 과정 자
체가—비록 스피박은 그렇게 표현하지 않았지만—영적인 과정이
라고 생각된다.

독립영화 감독이자 탈식민주의 철학가인 트린 민하는 기존의 다
큐멘터리식 영화를 해체하는 파격적 영화들을 선보인 바 있는 데,
그녀의 영화중에 이러한 장면이 등장한다. 실내에 있는 아프리카 원
주민을 카메라에 담기 위해서 카메라를 든 사람은 그 공간 안으로
들어가야 한다. 그런데 그때, 밖의 빛이 너무 강렬한 탓에 어두운 안
에 들어갈 때는 일시적으로 눈이 멀어버리는 것 같은 순간을 경험하
게 된다. 마찬가지로 안에서 밖으로 나아갈 때도 이 현상이 발생한

다. 트린 민하는 이 순간적 눈멂(momentary blindness)을 카메라에 자연스럽게 담으려고 시도했다. 내가 가지고 있는 선입견과 지식을 그대로 가지고 들어가는 것이 아니라 그것을 원점화시키고 없애는 과정이 있어야, 새로운 곳으로 내딛기 위해 버리는 작업을 하여야 그 어두움으로 들어갈 수 있고, 그 밝음으로 나아갈 수 있다. 나를 눈 멀게 할 수도 있는 신비와 깊이 속으로 내딛기 위해서는 내려놓아야 한다.

　아이를 낳아놓기만 하면 누군가가 키워줄 뿐 아니라 젖을 먹이는 것까지도 돈으로 살 수 있는 환경에 살고 있는 여성들이, 자신의 아이에게 젖을 물리지 못하고 수유와 양육이라고 하는 모성적 활동을 통해 돈을 벌어야 본인의 자녀를 키울 수 있는 여성의 현실을 이해할 수 있을까? 노력하지 않아도 통장에 몇 천 만 원이 주어지는 사람들이 한 달 수입이 100만 원도 채 되지 않는 돈으로 살아갈 수밖에 없는 사람들의 삶을 짐작이나 할 수 있을까? 믿어왔던 국가와 정부가 내 아이를 헌신짝 버리듯 버리고, 구조조차 해 주지 않는 상황을 그저 바라보아야만 했던 부모들의 심정을, 힘 있고 경제적으로 풍요로운 사람들을 위해 돌아가는 국가와 법의 테두리 안에서 '나는 안전하겠지'라고 확신하는 사람들이 감히 추측이나 할 수 있을는지. 나의 삶의 주관적 경험과 환경적 요인 그리고 교육받아 온 지식이라는 것이 타자를 이해하는 데 오히려 더 걸림돌이 될 수도 있다는 것을 아는 것만으로도 지식인은 혹은 글을 쓰는 사람들은 구원을 향해 이미 한 발짝을 내딛은 것일 수 있다. 나의 경험과 지식 너머에 있는 이들의 고통의 소리에 귀 기울이고, 공감적 상상력을 발휘하는 것이 나의 깨달음이며 해방이라는 것, 그것이 신에 대한 신비로 다가가는 만큼이나 중요한 영적 과제라는 것을 우리는 자각해야 할 것이다.

참고문헌

모리스, 로절린드 C. 엮음, 2013, 『서발턴은 말할 수 있는가? 서발턴 개념의 역사에 관한 성찰들』, 태혜숙 옮김, 그린비.
모튼, 스티븐, 2003, 『스피박 넘기』, 이운경 옮김, 앨피
스피박, 가야트리, 2005, 『포스트식민 이성비판』, 태혜숙, 박미선 옮김, 갈무리.
신영복, 2010, 『여럿이 함께 숲으로 가는 길』, 서울대학교출판문화원.
태혜숙, 『탈식민주의 페미니즘』, (여이연, 2001)
Caputo, John D. Prayers and Tears of Jacques Derrida. Indiana Unviersity Press, 1997.
Derrida, Jacques. Of Grammatology. The Johns Hopkins University Press, 1997.
Derrida, Jacques. On the Name. Standford University Press, 1995.
Spivak, Gayatri Chakravorty. A Critique of Postcolonial Reason. London, Havard University Press, 1999.
Spivak, Gayatri Chakravorty. In Other Words. New York, Routledge, 1987.

고통에 대한 꼴라주,
혹은 고통의 인문학

이상철

아도르노는 홀로코스트 이후에 詩가 사라졌다고 했는데, 포스트 세월호 시대에 우리는 무엇을 상실했을까? 우리는 삶과 인간을, 세상을, 그리고 신을 다시 이야기 할 수 있을까? 우리시대는 아마도 오랫동안 그 답을 찾을 수 없을 것이다. 그 침몰이 이루어졌던 시기가 고난주간이었다는 것, 그래서 우리로 하여금 예수의 부활을 2014년 부활절에는 말하지 못하게 하였다는 것! 2014년 4월 16일은 한국 교회와 한국 신학을 향한 사형선고라 기록될 것이고, 우리는 그것을 달게 받아야 한다.

- 2014년 부활절 日記 중에서

· · · ·

여는 말: 태초에 고통이 있었다

2014년 봄 학기, 나는 미국 유학 10년을 마무리하고 한국으로 돌아와 들뜨고 벅찬 마음으로 모교인 수유리 한신대 신학대학원에서 수요일 오후마다 열리는 〈해석학과 윤리〉 세미나를 진행했다. 슐라이에르마허부터 시작하여 슬라보예 지젝까지 열한 명의 굵직한 사상가들의 해석학적 특징을 다루는 세미나였다.

개강한지 한 달이 지난 꽃피는 4월 어느 날, 세월호 참사가 일어났다. 그날은 수업이 있던 수요일이었다. 300명이 넘는 사망자를 내었고, 그 중 대부분은 고등학교 2학년, 눈이 부시게 푸르른 아이들이란다. 2014년 고난주간에 들려온 그 소식은 한국사회를 공포와 전율, 슬픔과 절망, 분노와 탄식으로 몰아넣었고, 얼마 안 있어 다가온 부활의 아침에 우리 모두의 입에서 예수의 부활을 말할 수 없게 만들었다.

세월호 발생 후 한 달 쯤 흘렀을까? 내 수업에 참여했던 열한 명의 학생 중 세 명이 세월호 진상규명과 책임자 처벌을 요구하며 광화문에서 삭발을 하고 단식농성에 들어갔다. 그 전날 학생들이 그 다음날 제출할 페이퍼를 미리 이메일로 보내며 이런 메모를 남겼다: "교수님, 내일 수업에는 참여하지 못할 것 같습니다. 페이퍼 미리 보냅니다. 떨리네요. 기도해주세요." 수업 끝나고, 삭발식과 단식농성 기자회견이 열리는 광화문 청계광장으로 달려갔고, 그곳에서 나는 수십 년 동안 유전되어온 대한민국의 민낯과 오래간만에 다시 만났다.

왜, 세상은 하나도 변하지 않은 걸까? 2014년의 4월과 5월은 그 옛날 어느 해의 4월과 5월처럼 잔인하게 우리들에게 다가왔고, 2014년 6월은 1987년의 6월처럼 뜨거웠다. 하지만 그 옛날 6월과는 다르게 우리에게 다가온 것은 깊은 좌절뿐이었다. 유학 후 10년 만에 다시 만난 권력은 국민의 분노를 조절하고, 사람들의 과잉된 에너지를 분산하는 능력에 있어 많이 진화, 아니 퇴보해 있었다. 역대 어느 정권보다 대담하고 뻔뻔하게 국가적 재난을 무시하면서 넘겼던 것을 보면 말이다.

그 후로도 시간은 어김없이 흘렀고, 어느덧 세월호 참사는 사건 발생일로부터 5년이 흘렀다. 그동안 정권도 바뀌었고, 세월호도 인양되었다. 희생자와 미수습자 장례도 마쳤다. 하지만 여전히 밝혀지지 않고 있는 사건의 진상, 진실을 둘러싼 인정투쟁 공방, 상반되는 애도와 냉소의 풍경들은 '고통'이라는 제목으로 세월호라는 캔버스에 고착되어 있다.

현대예술의 용어 중에 콜라주라는 기법이 있다. 미술에서는 각양각색의 것을 발라 붙임으로써 나타나는 우연과 비유의 효과를 노리고, 무용에서는 서로 연관되지 않은 동작을 모아 전체를 구성하는 기법을 일컫는 말이다. 세월호로 인해 촉발되는 한국사회의 고통의 서사들이 마치 콜라주처럼 얽혀있다는 생각이 드는 것은 왜일까? 대한민국이라는 캔버스에 세월호로 상징되는 다양한 형태의 고통의 문양들이 콜라주 기법으로 처리되어 이곳저곳에 배치되어 있는 느낌 말이다.

나는 이 글에서 고통에 대한 판단중지를 선언하고, 하나씩 우리 사회에 겹쳐진 고통의 단자(monad)들을 분해하려고 한다. 고통은 모든 종교와 문화권에서 저마다의 형태와 이데올로기로 해석되어왔다. 그 과정에서 고통은 많은 경우 사후적으로 재구성되면서 낭만적으로 채색되었다. 하지만 거기에는 정작 당시 고통이 일어났던 현실에 대한 묘사는 없다. 이런 식의 고통에 대한 노스탤지어도 문제지만, 고통을 지나치게 이상화, 혹은 성스러운 사건으로 비약시키는 것도 문제다. 그것의 대표적인 케이스가 그리스도교의 신정론(Theodicy, 神正論)이 아닐까 싶다.

이러한 고통에 대한 왜곡된 해석들이 현실에서 벌어졌던 고통에 대한 언어와 기억을 얼마나 변질시켰는지, 그리고 현실의 고통 안에 숨어있는 인간의 관계와 권력의 구조로부터 얼마나 눈멀게 했는지, 우리는 그동안의 역사를 통해 많이 확인했다. 그러므로 고통에 대한 해석은 고통을 둘러싸고 펼쳐지는 낭만적 혹은 신정론적 해석으로부터 거리를 두는 것이고, 고통을 피상적 읽기가 아닌 중층적 시선에서 바라보겠다는 다짐으로부터 시작된다.

우선, 이 글의 전반부에서는 고통의 해석사를 거슬러 올라갈 것이다. 인류가 탄생하고 지금까지, 고통을 설명하려는 많은 시도들, 그리고 고통과 결부되어 발생하는 악과 죽음을 밝히려는 각고의 노력들이 있어 왔다. 어찌 보면 모든 철학적 작업들은 그것들에 대한 해명작업이었고, 모든 종교는 고통과 악과 죽음을 극복하지 못한 인간의 고해성사라 해도 과언이 아닐 듯싶다. 그러니 이 글의 전반부에서 시도하는 것은 인류가 그동안 살아오면서 당면했던 고통에 대한, 그리고 그것과 필연적으로 결부될 수밖에 없었던 악과 죽음에 대한 고고학적 성찰이라 할 수 있다.

죽음의 계보학을 통과한 후에 본격적으로 에마뉘엘 레비나스와 슬라보예 지젝을 만나고자 한다. 그들은 각기 고통에 관해서 본인들만의 특수한 사유영역과 실천역량을 자랑하는 인물들이다. 레비나스를 통해서는 한국사회의 고통 현상을 '타자(the Other)'의 시선으로 바라볼 것이다. 지젝은 고통을 통해 대타자인 신의 틈과 결핍을 발견했고, 그 결핍을 현실의 모순을 뒤집는 혁명의 계기로 파악한다. 두 사람에게 있어 고통은 주체와 세계, 그리고 윤리를 새로운 각도에서 바라보게끔 하는 원천인 셈이다.

결국, 이 글은 고통에 대한 내 나름의 인문학적 성찰이고, 현대철학의 시선에서 바라본 고통의 현상학이다. 그것이 지금 이 땅에서 벌어지는 고통의 증상을 설명하는 유용한 도구가 될 수 있다면, 그것이 한국 땅에서 지금 벌어지는 고통의 콜라주를 섬세하게 분해할 수 있다면, 그리하여 우리가 지금 느끼는 고통에 함몰되지 않고, 그 고통을 정확히 응시하며 앞으로 나갈 수 있는 용기를 상상할 수 있게 된다면, 그것만으로도 이 글의 의미는 족하다.

・ ・ ・ ・

고통의 고고학(考古學)

왜, 고고학인가?

'고고학'의 원래 사전적 정의에는 인간이 남긴 유적, 유물과 같은 물질적 증거와 그 상관관계를 통해 과거의 문화와 역사 및 생활방법을 연구하는 학문이라는 뜻이 담겨있다. 하지만 이 글에서 다루는 고고학에는 위에서 언급한 고고학의 본래적 정의도 담겨 있지만, 푸코가 말하는 '고고학'의 의미가 더 강하다. '고고학'은 푸코가 그의 저작들에서 줄곧 관심을 두었던 사항이다. 그의 박사학위 논문이었던 『광기의 역사』(1961)는 광인들이 어떻게 중세에서 근대로 넘어오면서 배제되었는지를 다루고, 『임상의학의 탄생』(1963)은 병자들이 어떻게 권력에 의해 관리되고 격리되는지를 다룬다. 『감시와 처벌』(1975)에서는 죄인들이 사회와 단절되고 훈육되는 과정이 잘 묘사되어 있다.

이렇듯, 푸코의 고고학 작업은 일반 고고학과는 다르게 역사의 주류가 은폐하는 소리를 발굴하고, 주류 담론학에서는 나오지 않는 잊힌 과거를 드러내어 당대 지식에 시비를 걸고 흠집을 낸다는 측면에서 체제 입장에서 볼 때는 위협적이다. 왜냐하면, 푸코는 "~란 무엇인가?"를 묻는 것이 아니라, "도대체 그것을 누가 만들었고, 어떻게 그것은 작동되나?"에 주목하기 때문이다. "what is…?"라는 질문은 사물의 아르케, 즉 본질의 문제에 사로잡혔던 고대 그리스 철학의 잔재다. 푸코는 서구 형이상학이 추구했던 시공을 초월해 있다고 보는 아르케가 사실은 특정 시기, 특정 지역의 사회적, 역사적 구성의 결과물이라 생각했고, 이것을 '에피스테메'라고 칭하였다. 푸코는 그것이 무의식처럼 주어진 것이 아니라 역사적으로 조작된 것이라 말했고, 특정한 시대에 특정한 권력이 특정한 목적을 가지고 지배 메커니즘 속에서 그런 구조를 만들었다고 본다.

결국, 푸코의 한 평생 문제의식은 권력에 의해 잉태된, 즉 에피스테메에 의해 배제된 존재들(타자)의 목소리에 귀 기울이는 것이었다. 배제한다는 것은 선을 긋는 것이고, 누가 언제 왜 그 선을 그었는지, 분할선이 그어지고 난 이후 누가 그 선 밖에 남겨졌는지, 푸코는 바로 그 부분들에 주목했다. 이것이 푸코의 고고학 안에 담겨 있는 함의라 할 수 있을 것이다.

푸코의 고고학은 고통에도 적용 가능하다. 세월호가 주는 고통은 인간의 지식과 경험의 한계를 벗어난 영역에 위치한다. 아니, 세월호로 인한 고통뿐 아니라, 인류가 그동안 경험했던 모든 고통들은 이해 불가능하다. 고통은 우발적이고, 비대칭적이고, 예측이 불가능하고, 원인을 모른다. 이런 고통이 주는 불안과 공포를 견디기 위해 인간은 고통을 받아들이는 방법을 활성화했다. 그 중에서도 인류가 고안한 가장 보편적인 고통에 대한 에피스테메는 그것을 죽음과 연동시켜 사유해왔던 전통이 아닐까 싶다.

죽음에 대한 이해가 죽음 이후의 삶에 대한 관점을 전제로 한다면, 죽음을 받아들이는 방법 또한 사후 세상에 대한 상상의 개수만큼 문화별, 개인별로 천차만별이다. 죽음을 현실의 삶에서 억압하거나 은폐하는 사람도 있을 것이고, 죽음을 현실의 조건으로 받아들이고 인정하는 사람도 있을 것이다. 보통의 종교에서는 죽음 이전과 이후를 분리하여 죽음 이후를 신화화, 초역사화 하는 경우가 많다. 이 과정에서 엄연한 현실의 논리이고 원칙인 고통이 죽음과 결부되어 탈역사화되는 과정을 거친다. 그리하여 현실에서 체감되는 고통의 강도는 무화되거나 최소화된다. 불교에서 말하는 윤회도 그렇고, 바로 다음에 소개할 그리스도교의 신정론 역시 그렇다. 그 결과, 그리스도교 내에서는 '고통-죽음-부활-승천'으로 이어지는, 고통을 초월하여 이루어지는 영광과 승리의 카르텔이 형성되었고, 고통은 그 사이클 속에서 극적 반전 효과를 증대시키는 역할을 담당해왔다.

필자가 이 장의 제목을 '고통의 고고학'이라 붙인 이유는 분명하다. 고통에 대한 가장 오래되고 일반적인 시선들, 그것은 위에서 언급했던 종교적인 반응들로서 고통을 죽음과 연관시켜 현실 밖으로 위치시켜 차별화했던 논의들을 말하는데, 그것들의 역사를 거슬러

간다는 의미에서는 고고학이다. 하지만 이 글은 신정론의 전개과정에서 배제된 고통의 본질을 거슬러 올라가며, 배제된 타자들의 고통을 다루고 있다는 점에서는 푸코의 고고학을 닮았다.

고통과 죽음에 관한 오래된 시선들

고통의 문제는 전통적으로 철학과 신학에서 영과 육의 문제, 악의 문제, 죽음의 문제 등과 연관되어왔다. 그 모든 논의들의 시작은 플라톤에게로 거슬러 올라간다. 유명한 플라톤의 발언 "육체는 영혼의 감옥이다"는 영과 육의 강력한 이원론을 전제한 것으로, 플라톤에게 있어 죽음은 감옥에 갇혀있던 영혼이 육체에서 해방되어 본래의 자리인 이데아의 세계로 돌아가는 통로와 같은 것이다. 이런 프레임 속에서 고통은 육체와 결부된 것으로 부정적이고 제거되어야할 무엇이었다.

플라톤의 사상은 그리스도교의 이론 형성에도 영향을 끼쳤는데, 그것은 어찌 보면 당연한 결과다. 이스라엘 지역에서만 알려져 있었던 예수 운동이 바울에 의해 아테네로 로마로 퍼져나가면서 점차 세계종교로, 제도종교로 자리를 잡아가기 시작했다. 그리스도교는 이제 이스라엘에서 발생한 지역종교가 아니라, 당시 세계를 제패하던 헬레니즘 문화 속에 토착화되는 과정을 거치면서 보편성을 띤 세계종교로 발돋움한다. 그럴 수 있었던 까닭은 그리스도교가 헬레니즘이라는 틀 안에서 새로운 언어와 감각으로 당대의 풍토에 맞게 번역

되었기 때문이다.

예수 그리스도의 성육신 사건은 헬라 철학의 개념으로는 이데아가 물질에 구현된 사건이다. 마찬가지로 플라톤에게 있어 천상의 질서인 이데아가 물질의 세계인 '코라'에 심겨질 때 영혼은 이데아를 코라에 구현하는 역할을 담당했다. 예수 그리스도의 성육신 역시 현실에서 구현된 신의 역할을 담당했다. 그러므로, 예수의 죽음과 부활과 승천은 플라톤적으로 설명하면 육체의 감옥에 머물렀던 정신이 다시 이데아의 세계로 귀환하는 사건과 같다. 이 과정에서 예수 그리스도는, 플라톤에게 있어서 영혼이 그랬듯이, 신과 인간의 연속성을 보장하는 매개자의 역할을 한다.

하지만 그리스도교 신학은 플라톤의 영혼 불멸론에 대해 일면 수긍하면서도 고통을 이해하고 해석하는 측면에서는 플라톤의 그것과는 분명한 차이를 보인다. 그것은 초대교회의 교리형성 과정을 추적해보면 쉽게 알 수 있다. 초대 그리스도교의 발전과정에서 교리적으로 쟁점이 되었던 사항은 주로 예수의 격(status)에 대한 문제였다. 초대교회는 예수의 육을 부정하고 영만 긍정하는 가현설, 영지주의 계열의 이단들과의 교리 논쟁을 통해 정체성을 확보해 갔다. 그것을 한마디로 표현하면 예수가 지녔던 영과 육의 조화인데, 그것은 마침내 예수 그리스도는 "참 신이요, 참 인간이었다"라는 선언을 이끌어내기에 이른다.

초대 그리스도교의 결정이 비록 역사적 예수가 전했던 복음과 차이가 있다손 치더라도, 비록 그것이 정치적 타협의 결과라 할지라도, 영과 육의 균형을 유지하려고 했던 그들의 투쟁과 노력은 놀라운 것이라 할 수 있다. 영과 육의 이원론으로 초대교회가 기울었다면 그리스도교 신앙은 현재의 삶에 대한 무가치와 땅과 육에 대한 증오를 잉태하는 종교가 될 수도 있었기 때문이다. 이러한 종교는 현재를 살아가는 인간의 고통에 대한 무감각과 냉소, 더 나아가서 인간을 고통과 죽음으로 모는 체제의 압제와 폭력에 대해 인간을 침묵하게 만든다.

후에 칼 마르크스와 프리드리히 니체가 고통에 둔감하고 오히려 고통의 요체를 가리는 체제 영합적인 서구 그리스도교를 비판하면서 "종교는 아편"이라 말했을 때, 그 종교란 영육이원론에 기반한 그리스도교라 할 수 있다. 그러나 초대 그리스도교가 전하는 본래 진리는 영과 육이 공히 조화를 이루는 종교였다. 이 땅의 고통에 대한 은폐가 아닌, 고통에 대한 연민과 성찰의 종교가 본래 그리스도교의 모습이었다. 그렇다면, 언제부터 고통과 죽음은 그리스도교를 잠식하기 시작했을까?

죽음의 무도회

지금은 은퇴한 한국 피겨스케이팅의 자랑 김연아 선수가 2009년 세계 피겨스케이팅 선수권 대회에서 카미유 생상스의 〈죽음의 무도(dance macabre)〉에 맞춰 한 연기는 지금도 많은 사람들에 의해 세계 피겨 역사에서 레전드급 장면이었다고 평가받는다. 생상스는 앙리 카

자리스의 시 〈죽음의 무도〉에서 영감을 받아 작곡했는데, 그 시의
한 구절에 이런 표현이 있다.

> 고목가지에 찬바람이 휘몰아치던 어두운 밤
> 신음소리는 보리수 아래로부터 점점 크게 들리고
> 깡마른 해골이 어둠 속에서 춤을 춘다.

　이 시는 당시 중세인들이 느꼈던 고통에 대한 두려움과 그로부터
야기되는 죽음에 대한 공포를 잘 표현하고 있는 구절이라 할 수 있
겠다. 〈죽음의 무도〉는 서양 중세시대부터 있어왔던 아주 뿌리 깊은
예술적 주제로 문학이나 음악, 그림에도 다양하게 등장했는데, 죽음
앞에서는 모든 사람이 평등하다는 것을 보여주었다. 〈죽음의 무도〉
에 등장하는 인물들을 보면 일반 백성, 귀족, 사제, 심지어는 교황까
지 해골과 손을 맞잡고 춤을 춘다. 고통과 죽음의 평등성이라고 할
까. 당시 유행했던 금언인 "메멘토 모리(죽음을 기억하라!)"는 이런 시대
적 상황을 배경으로 한다.
　〈죽음의 무도〉가 급속도로 퍼진 시기는 14세기부터라고 알려져 있
다. 하지만 그 이전 십자군 원정의 실패 때부터 그 전조는 시작되고
있었다. 이교도에 대한 응징을 내세웠던 십자군 원정은 찬란한 신의
위엄을 드러내기는커녕 초라한 신의 뒷모습만 드러내 보인 꼴이 되
었다. 십자군 원정의 실패는 교회의 몰락을 암시하는 예고편이었고,

이러한 교회의 침몰은 안전한 생활세계를 유지하게 해주었던 삶의 기반이 무너지고 있음을 드러내는 징조였으며, 그것은 중세인들의 죽음에 대한 감각과 예지력을 활성화하는 계기가 된다.

하지만 결정적으로 중세 전체를 '죽음 포비아'로 몰아간 것은 수없이 반복되고 지속되면서 유럽인구의 1/3을 죽음으로 몰아넣은 흑사병이었다. 교회는 흑사병으로 인한 고통의 치유처와 피난처가 되기를 바랐지만, 오히려 전염성이 강한 흑사병의 특성상 죽음의 공포를 피해 교회로 몰려든 흑사병 환자들은 교회에서 죽어갔고, 이를 지켜보던 중세인들은 동료 인간들의 죽음을 확인하며 중세 1000년을 지배했던 교회의 도그마에서 벗어나게 되는 근거와 이유를 갖게 되었다.

그렇게 고통스럽게 죽어가는 일이 일상이 된 상황 속에서 〈죽음의 무도〉라는 장르가 탄생한 것은 어찌 보면 당연한 일인지도 모르겠다. 당연히 그 과정에서 교황권의 몰락은 두드러졌다. 스콜라주의가 내세우는 우주적 질서와 신적 질서의 조화, 그 영향 아래에서 교회는 전지전능한 신이 다스리는 합리적 공간이자 신비의 처소였다. 그러나 중세말의 혼란은 이러한 교회가 지니고 있었던 아성에 균열을 내었고, 한번 벌어지기 시작한 틈은 걷잡을 수 없이 커졌다. 신의 은총이 울려 퍼졌던 교회는 고통과 탄식의 공간이 되었고, 삶에 대한 긍정과 축복이 선포되던 그곳은 죽음의 공포와 만나는 장소가 되었다.

악순환은 되풀이되었다. 로마 교황청은 교회로부터 이탈해가는 사람들의 마음을 붙잡기 위해 더욱 죽음에 대한 공포를 조장하고 강조하면서 회개의 교리, 고백의 성사 등 개인구원을 위한 종교적 매뉴얼 개발에 열을 올렸고, 급기야는 면죄부 판매라는 패착까지 저지르고 만다. 이것이 발단이 되어 종교개혁의 소용돌이로 유럽 전체가 빠져들면서 중세는 막을 내리고 근대는 그렇게 우리 곁으로 다가왔다.

아이러니하게도 중세 말 유럽에 휘몰아친 고통과 죽음, 그것을 견디고 초극하려는 취지에서 발생했던 미신적이고 신비적인 행태는 정반대에 놓여있는 이성과 과학주의를 앞당기는 계기가 된다. 존재론적으로 느끼는 삶에 대한 고통과 죽음의 공포를 막연한 종교적인 최면에 기대어 극복하려는 것이 아니라 인식론적으로 회의하기 시작하면서 근대(성)가 시작되었다는 말이다.

중세를 마감하고 근대를 열어젖힌 철학자라 평가받는 르네 데카르트는 "모든 것을 회의한다"고 선언한 후에 "나는 생각한다, 고로 존재한다"라고 선포하면서 주체적인 개인의 탄생을 예고했고, 이마누엘 칸트는 『순수이성비판』 서문에서 전통적 형이상학의 오류를 지적했다. 칸트와 데카르트의 선언은 중세 말 성행했던 고통과 죽음의 테마로부터 시작된 존재에 대한 알 수 없는 허무와 보이지 않는 공포를 극복하려는 회의와 반성적 사유의 결과라고 볼 수 있다. 알 수 없는 고통의 원인과 죽음이 선사하는 불안과 공포의 주술을 극복하고자 피어오르는 인간정신의 합리성이 근대라는 이름으로 호출되는 순간이었다.

신정론 길라잡이

고통의 해석학과 관련하여 마지막으로 다룰 주제는 신정론이다. 근대적 합리성이 고통과 죽음이라는 삶의 타자를 정복해가는 과정이었다면, 반대로 신정론은 신학적인 영역에서 펼쳐진 고통의 내면화 과정이 아니었을까 싶다. 이유와 원인을 알 수 없는 고통을 둘러싼 해석은 모든 종교의 최종 난문제였다. 고통에 대한 정의가 어려운 이유는 고통에 대한 이해가 고통을 겪는 사람들의 수만큼이나 다양하기 때문일 것이다. 인류는 나름의 삶의 자리에서 저마다의 몫으로 부과된 고통에 대한 해석과 극복의 방식, 혹은 체념과 망각의 방식을 터득해 왔다. 특별히 그중에서도 기독교 전통에서 마련된 고통과 악에 대한 신학적 답변을 우리는 흔히 신정론(Theodicy, 神正論)이라 부른다.

기독교에서 말하는 신정론은 의인에게 닥치는 고난과 악의 명백한 현존 속에서도 신은 한치의 오차도 없이 일한다는 사실, 그런 신의 전능과 계획에 의해 악과 고난은 현실적 차원이 아닌 신의 섭리가 작동하는 영역으로 고양될 수 있음을 증명하는 이론이다. 우리는 고난에 직면 할 때마다 "왜 내가?", "하나님은 어디에?"라는 질문을 자동적으로 던진다. 예수조차도 당신에게 다가오는 죽음의 잔 앞에서 갈등하고 괴로워하며 "왜 나를 버리십니까?"라고 하면서 신을 향해 절규하지 않았던가? 이러한 신정론적인 질문들은 계속 있어왔고 앞으로도 계속 있을 것이다.

하지만 관점을 한번 달리 해보면 어떨까? 위에서 언급했던 우리들이 갖는 신정론적 질문을 신에게 똑같이 적용한다면? 즉, 신정론이 신을 향한 인간의 질문이지만, 역으로 인간을 향한 신의 질문으로 치환해보자는 것이다. 성서에 나오는 신의 음성들, 예를 들어, 에덴에서 범죄를 저지른 인간을 향한 하느님의 물음 "아담아 네가 어디 있느냐?", 복음증거를 핍박하는 사울을 향한 그리스도의 물음 "네가 왜 나를 핍박하느냐?"를 떠올려 보면, 신을 향한 우리의 질문 못지않게, 신 역시 우리를 향해 묻는 것을 알 수 있다. "나 역시 너희가 궁금하고 나 역시 너희를 이해 못하겠다"고 말이다. 이 부분은 나중에 이 글의 후반부, 고통의 정치학과 윤리학에 관심하는 슬라보예 지젝 편에서 집중적으로 다룰 것이다. 다음 장은 그리스도교 신정론에 대해 삐딱한 입장을 취했던 레비나스의 고통론이다.

● ● ● ●

레비나스와 고통

레비나스의 문제의식

현대 사상을 대표하는 여러 개념어들이 있지만 그 중에서도 가장 사람들의 입에 많이 회자되는 단어가 '타자'가 아닐까 싶다. 타자에 대한 논의가 부쩍 늘어나게 된 이유는 포스트모더니즘과 신자유주의의 영향 때문이다. 유동하는 자본의 흐름을 따라 사람과 언어와 문화와 종교까지 유랑을 한다. 매일 매일 어디선가 이방인들이 우리에게 흘러들어오고, 우리 역시 어느 지역으로 타자가 되어 흘러간다. 이런 과정을 통해 현대사회는 다름에 대한 노출의 빈도와 강도가 전 시대와는 상대가 안 될 정도로 확대되었다. 그 결과 자기에게 흘러들어오는 타자에 대한 응대의 방식이 어느 문화권이건 심각한 사회 문제로 등장하게 되었다.

에마누엘 레비나스는 본인의 윤리학을 '타자의 윤리학'이라 칭하면서 윤리를 '제1철학'의 위치로까지 상승시킨 인물로서(Hand, 1989: 75-87), 타자성의 철학 전개에 있어 상징적인 위치를 점하고 있는 학자이다. 레비나스에게 있어 가장 큰 물음은 "어떻게 홀로코스트가 일어날 수 있었나?"이다. 우리사회도 "어떻게 세월호 사건이 일어날 수 있었나?"를 놓고 열병을 앓고 있는데, 비슷한 문제의식이라 볼 수 있다.

레비나스는 홀로코스트의 원인을 서구 인식론의 총체성에 두었고, 그 장본인으로 G.W.F 헤겔을 지목하였다. 헤겔은 인간의 정신이 어떻게 세계를 종합하면서 자기를 실현해 가는지 꼼꼼히 따져나갔고, 마지막 단계에 가서는 세계를 하나의 절대정신 아래에서 관조한다. 이것은 〈정―반―합〉으로 요약되는 변증법적 단계를 거치는데, 그 변증법의 기본원리가 바로 타자를 나의 동일성 안으로 환원시켜야 한다는 법칙이다.

헤겔은 그의 불후의 명저 『정신현상학』에서 변증법의 과정을 잘 전개하고 있는데, 특별히 4장 「주인과 노예의 변증법」에서 그 강조점이 두드러진다. 내가 세상의 주인(주체)이 된다는 것은 내 스스로가 주인임을 선언하는 것으로 되는 것이 아니다. 다른 사람의 인정을 통해야만 가능하다. 그래서 서로 다른 두 주체간의 운명을 건 인정투쟁이 벌어진다. 싸움의 결과 승자와 패자가 가려지나, 승자는 패자를 죽이지 않는다. 왜냐하면, 주인은 노예의 승인을 통해 존재하기 때문이다.

이렇듯 타자의 시선과 타자의 언어가 나의 나됨, 즉 주체의 성립요건이 되는 것이다. 주체란 데카르트가 말하는 '생각하는 주체'도 아니고, 칸트가 말하는 '선험적 주체'도 아니다. 주체는 헤겔에 와서 타인의 시선을 전제로 한 주체가 되었고, 이런 이유로 헤겔 이후 타자에 대한 전유는 주체의 필수요건이 된다. 레비나스는 개인(타자)을 전체(동일성)로 환원시키려 했던 헤겔의 동일성의 원칙을 '힘의 철학'(Levinas, 1969: 44), '전쟁의 존재론'(Levinas, 1969: 22)이라 비난했다. 레비나스의 타자론은 이러한 전체주의적 폭력에 대한 반발에서 시작된 셈이다.

레비나스의 신정론 비판

헤겔의 사유가 사상적인 측면에서 주체의 타자를 향한 동일성의 폭력을 정당화한 사례라면, 그리스도교 신학의 신정론은 인간의 삶

속에서 부딪치는 삶의 타자들(죽음, 고통, 악)을 신앙의 동일성 안으로 끌어들였던 또 다른 폭력이었다고 레비나스는 평가한다.(Levinas, 1998: 96) 앞 장에서도 살펴보았듯이, '현재의 고난은 미래에 도래할 축복의 징표'라는 신정론적 위안은 그리스도인으로 하여금 알 수도 없고 설명도 불가능한 고난 속에서 흔들리는 믿음과 신앙을 지켜주었던 강력한 신학적 근거였다. 하지만 레비나스는 이러한 신정론의 의도에 대해 의심 섞인 시선을 보내면서, 우선 고통 자체에 대해 다시 음미한다: "고통은 빛의 용어[개념]로는 도무지 옮길 수 없는 것이다. 다시 말해 이 미지의 것은 우리의 모든 경험이 결국 되돌아오는 나와 자기의 친숙성에 대해서 저항적이다."(레비나스, 1996: 76)

레비나스는 고통 일반을 신의 섭리와 계획으로 설명하려는 신정론에 대해 반발하면서, 고통을 알 수 없는 타자의 영역, 즉 '상상할 수 없는 측면 Unassumability'(Levinas, 1998: 91)으로 상정한다. 레비나스에게 있어 신정론에 입각한 고통 이해는 마치 빛의 인식구조 안에 놓여있는 그 무엇이다. 이것은 플로티누스로부터 시작된 서양의 오래된 지적전통으로부터 기인한 관습이라 볼 수 있다. 플로티누스는 헬라 철학의 정점이라 할 수 있는 신플라톤주의의 창시자라고 알려져 있는 인물이다. 최고의 원리는 완전히 초월적인 절대 밝음이다. 최저의 수준은 절대 어둠의 영역인데 그곳에는 적나라한 물질이 있다. 플로티누스는 플라톤의 이데아론을 유출설을 통해 설명하면서 초자연적인 존재와 물질 사이의 연관을 계층화, 등급화하여(gradually)

하나로 연결시킨다. 그리하여 그는 서구철학의 오래된 전통인 빛의 존재론, 빛의 윤리학, 빛의 미학을 정초하는데 결정적 역할을 했다. 중세를 마감하고 근대를 열었다고 평가되는 '계몽주의'의 영어 스펠링이 'Enlightenment'인데, 가운데에 빛을 의미하는 단어 'light'가 배치되어 있는 것도 중세를 암흑(타자)이라 상정하고 그것을 비추고 밝히는 의미에서의 '빛'이다. 이렇듯 서구 형이상학 곳곳에는 빛에 대한 동경과 집착이 짙게 배어있다.

레비나스는 자신에게 큰 영향을 주었던 마르틴 하이데거 역시 서구 형이상학의 특징이라 할 수 있는 '빛의 현상학' 안에 있음을 꼬집는다. 태양(밝음, 이데아, 근원적 진리 등)을 중심으로 하는 서구 형이상학의 동심원적 구조는 변방과 주변으로 갈수록 어두워지고 빛의 영향력을 점점 상실한다. 중심으로부터 멀어지면 멀어질수록 서구 역사의 전개 과정에서 그 대상들은 타자로 설정되었고 빛의 영역이 미치지 않는다는 이유로 정복과 타도와 착취와 왜곡의 대상이 되어왔다. 하이데거가 서구 형이상학에 대한 근원적 문제제기를 하지만 레비나스가 볼 때는 하이데거 역시 서구의 인식론적 방법의 한계를 벗어나지 못하는 '빛의 폭력자'인 셈이다.

레비나스의 신정론에 대한 비판은 하이데거의 빛의 현상학에 대한 거부와 같은 맥락이라 할 수 있겠지만, 하이데거 비판이 이론적인 층위에서 전개된 양상을 띤 반면, 신정론 비판은 20세기에 벌어진 일련의 대학살의 기억이 신정론에 대한 시효가 말소되었음을 스스로 보여준 사건이었다는 사실에서 출발한다. 지난 세기에 발생한 양차 세계대전, 홀로코스트, 히로시마 원폭 등의 사건은 더 이상 고통의 유의미성을 내세우는 전통 신학으로는 설명이 안 되는 현상이었고, 신적 섭리의 결말로 나가기 위한 과정으로서의 고통 등 다양한 이름으로 포장되는 고통에 대한 낙관적 해석을 거부하면서 레비나스로 하여금 신정론의 폐기를 선언하게 했다(Levinas, 1998: 97).

우리는 이 대목에서 그리스도교 신학이 인간의 가장 실존적인 고민인 고통을 신학화하는 과정에서 고통의 현실을 가리고 회피하면서, 어떻게 신앙적 맹종과 맹신으로 흘렀는지에 대한 좀더 심도 있는 해부를 해야 할 것이다. 그리스도교 신학은 고통의 모습을 그대로 드러내는 일에는 관심하지 않았다. 단지, 고통에 대한 해석에만 몰두하였고, 그 노력의 결과가 속죄론의 형태로 등장했던 것은 아닐까? 그 후 대속의 교리는 현실의 고통을 견디게 하고, 현실의 모순을 참아내게 하는 신앙의 힘으로 작동하였고, 이는 또한 신정론을 뒷받침하는 든든한 이론적 토대가 되었다. 이런 과정을 거치면서 고난 받는 타자에 대한 책임보다는 개인구원의 도그마가 기독교 신앙의 정수의 자리에 오르게 된다. 이것이 레비나스가 바라보는 그리스도교 신학의 전체적 밑그림이다.

고통과 타자

우리는 앞서 서구의 전통적인 신정론 개념에서 고통은 신의 섭리와 연관되어 있음을 알았다. 이런 이유로 고통을 신의 섭리가 아닌 그 어떤 것으로 생각한다는 것은 서구 전통에서 매우 낯선 생각이다. 그런데 레비나스가 이러한 고정관념을 뛰어넘어 고통에 대한 전혀 다른 접근을 시도하고 있는 것이다. 레비나스가 말하는 고통 현상학의 핵심은 고통은 더 이상 의식적-종교적 개념규정의 산물이 아니라는 사실이다. 고통은 의식의 바깥, 종교적 간증의 범주를 벗어난 지역에 위치한다.

그렇다고 레비나스의 고통 이해를 동서양의 신비주의 종교 전통에서 보이는 우주 또는 신과의 합일로 본다면 그것 또한 큰 오산이다. 이 방법은 주로 내면을 강조하는 자아론(egology; Levinas, 1969: 44)적인 성격이 강한데, 타자와의 관계, 사회와의 관계에서는 약점이 드러난다. 다양한 수행을 통한 우주와의 합일을 경험한 이들은 온 우주 만물이 하나로 이어져 있음을 깨달아 타자의 고통이 나의 고통임을 경험한다고 증언하지만 이런 고백의 근저에는 기본적으로 만물은 근원적 일자에서 비롯되었다는 전제가 깔려있다. 그렇게 되면, '나와 너' 사이는 근원적 동일성에 갇히고 만다. 예전에 인기리에 방영되었던 드라마 〈다모〉에서 이서진이 하지원에게 한 명대사 "아프냐? 나도 아프다"는 나와 너 사이에 존재하는 이런 근원적 동일성을 잘 드러내는 대사였다고 볼 수 있다. 레비나스는 이런 道통한 깨달음도 전체성의 논리로 본다. 결론적으로, 레비나스에 따르면 신과의 합일은 없다. 신을 향한 수렴, 즉 한 없는 접근만이 있을 뿐이다. 이런 이유에서 고통을 신과의 합일로 가는 과정으로 보는 고통 이해를 레비나스는 반대한다. 또 다른 아류 신정론이 될 확률이 높기 때문이다.

이에 반해, 레비나스는 고통을 현상학적으로 쓸모없는 무(nothing)라고 지적한다.(Levinas, 1998: 93) 이 말은 개별적인 나의 고통, 너의 고통, 우리의 고통은 의미가 없다는 말이다. 오히려 레비나스에게 있어 고통이란 "사람과 사람 사이의 관점, 전망(interhuman perspective; Levinas, 1998: 100)"이다. 타자의 고통으로 인해 내가 고통을 받을 때 비로소 '고통'은 의미를 지닐 수 있게 된다. 왜냐하면, 닿을 수도 없고 만날 수도 없는 타자가 포착되는 지점이 있는데 그곳에서 벌어지는 현상이 바로 고통이기 때문이다. 이런 이유로, 레비나스에게 있어 고통이란 타자를 만나는 지점이고 통로이다. 레비나스는 나그네, 과부, 고아를 타자라고 지적했는데(Levinas, 1998: 77), 그들은 당시 유대사회에서 법적, 사회적 안전망 밖에 위치했던 존재들이었고, 자신들에게 닥치는 고통에 무방비적으로 노출될 수밖에 없고 아무런 저항도 할 수 없는 순수하고 연약한 타자, 조르조 아감벤의 표현을 빌리자면 '호모 사케르(Homo Sacer)'이다.

호모 사케르는 직역하면 '성스러운 자'이지만, 현실에서는 죽여도 살인죄가 성립되지 않는 자이다. 흑인차별이 정당화되던 시절 미국 사회에서 흑인은 죽여도 별 문제가 되지 않았던 존재였다. 한국 사회에서 유신 시대 때 빨갱이라는 낙인이 붙은 사람은 호모 사케르였다. 근본주의적 기독교 전통에서 동성애자는 호모 사케르다. 신자

유주의 사회에서는 불법외국인 노동자가 대표적 호모 사케르라 할
수 있을 것이다. 레비나스가 말하는 타자는 나와 다른 절대적 비대
칭성을 지니는데 아감벤이 말하는 호모 사케르가 레비나스의 타자
를 설명하는 가장 비근한 예가 아닐까 싶다.

　이렇게 타자를 정의하고 나서 레비나스는 고통 받아 울부짖는 그
타자의 측면을 '얼굴'이라 불렀다. 그가 '타자의 얼굴'에서 강조하는
점은 타자의 얼굴로부터 호명되어진 무엇으로 인해 우리 마음에 생
채기가 생겨 '내가 여기 있나이다.'(레비나스, 1996: 43–52)'라는 답변을 지
닌 채 타자의 얼굴과 대면하는 것이다.(face to face; 레비나스, 1996: 99) 바
로 그 지점에서부터 윤리가 발생한다고 레비나스는 말한다: "동일자
에 대한 의심, 즉 동일자의 자기중심적 자발성으로는 가능하지 않은
이 일이 타자(타자의 얼굴과 대면하는 것)를 통해 일어난다. 타자의 현존으
로 인해 나의 자발성에 문제제기가 일어나는 것을 우리는 윤리라 부
른다."(Levinas, 1969: 43)

　위의 문장은 다음과 같은 해석이 가능하다. 기존의 주체, 즉 동일
자의 자기의식 안에 갇혀있는 그 주체로는 우리가 타자를 인지할 수
없다는 것, 이 말은 주체 이전에 타자의 고통이 먼저 상정되어야 함
을 의미한다. 존재일변도의 서양철학 전통 속에서 타자를 고려하는
윤리가 제1철학으로 등극하는 순간이다. 레비나스에게 있어 주체란
타자의 고통에 예민하게 반응하는 주체이다. 인간은 '생각하는 주
체'(데카르트)도 아니고, '선험적 주체'(칸트)도 아니며, '세계를 종합하는

주체'(헤겔)도 아니다. 레비나스에게 와서 인간은 타자의 고통에 반응하는 주체로 다시 태어난다.

• • • •

지젝과 고통

왜, 지젝인가?

미국으로 유학을 떠난 해가 2004년이었는데, 그때까지 나는 지젝을 몰랐다. 라깡의 제자, 라깡 이론으로 영화를 분석하는 영화평론가? 그 정도의 지식을 갖고 미국으로 갔는데, 공교롭게도 당시가 바로 미국 진보신학계에서 지젝에 대한 관심이 막 일기 시작할 즈음이었다. 지젝은 본인 사상의 이론적 근거가 될 저작들을 1990년대에 이미 마무리 지었다. 그리고 밀레니엄을 보내고 나서, 지젝은 연달아 그리스도교 관련 책들을 출판하였다. 2004년은 막 맹렬히 출판되기 시작하던 지젝의 신학 관련 서적에 대한 논평이 활발히 오가던 무렵이었고, 미국의 진보적 신학교 수업에서 지젝이 쓴 신학 책들이 회람되면서 읽히던 무렵이었다. 이런 지젝을 이해하기 위해 필수적 인물이라는 헤겔과 라깡, 그리고 마르크스까지 덩달아 관심의 대상이 되었고, 그들이 쓴 책들도 다시 읽히는 현상까지 등장했다며 '지젝 효과'를 분석하던 당시 신문기사가 떠오른다.

반면, 이런 지적 현상에 안 좋은 시선과 경계의 눈초리를 보내는 사람들도 만만치 않게 등장했다. 이유는 각기 달랐지만, 특별히 새로운 것이 없고, 익숙한 것을 잘 비벼 현대인의 구미에 맞게 보기 좋게 장식을 한 것뿐인데, 뭐 그리 호들갑이냐는 의견이 지젝 비판의 주된 내용이었다. 그래서인지는 몰라도 아직까지 지젝은 미 동부 근엄한 명문학교들 사이에서는 대수롭지 않게 여기려는 경향이 있다. 이것도 좀 웃긴다. 어쨌든 미국은 땅 덩어리가 넓어서 그런지 지젝에 대한 온도차가 꽤 난다.

10년 유학하는 동안 여름방학 때 세 번(2007년, 09년, 12년) 한국을 방문했는데, 그때마다 서점이나 도서관을 둘러보곤 했었다. 놀라운 사실은 지젝이 비교적 최신에 쓴 책들도 발 빠르게 번역되어 유통되고 있었다는 사실이었다. 지젝은 흔히 번역 스피드보다 창작 스피드가 빠른 사상가로 평가된다. 그 만큼 다작을 하는 작가다. 그럼에도 불구하고 한국에서는 요즘 지젝의 거의 모든 저작들이 현지와 시간적 차이 없이 번역되는 것 같고, 뿐만 아니라 지젝은 한국 사회 비평의 언어를 압도적으로 선도하고 있다. 그래서인지는 몰라도 내가 아는 지인들 중에서는 "한국사회에서 '지젝거리지' 않으면 어디 가서 명함도 못내민다."는 우스갯말을 하는 사람도 있다.

물론, 지젝이 미국에서 인기를 끌고 있는 것은 맞지만, 미국과 비교하여 봤을 때 한국의 지젝 사랑은 어딘가 모르게 과잉이다. 지식. 출판계의 지젝 쏠림 현상, 그리고 이런 지젝을 이용한 마케팅 전략이 한국처럼 효과를 보고 있는 사회도 지구상에는 드물다. 그것은 지적 사상에 대한 냉정한 평가와 한국사회의 현실에서 지적 적용과는 별개로 순전히 시장의 법칙에 의존하고 있다. 본인이 그렇게 반발하고 혐오하는 신자유주의 법칙이 미국보다 더 완벽히 구현되는 한국사회에서 '지적 마케팅'이 대박이 나고 있다는 사실을 지젝 본인도 알까?

자고로 이론이란 텍스트의 고유성을 돋보이게 하는 역할, 혹은 텍스트의 약점을 보충하거나 변호하는 역할을 하는 것이다. 하지만 한국 지식계에서 그동안 벌어졌던 외국 이론의 수용과정을 살펴보다 보면 왕왕 본말이 전도되는 경우를 목격하게 된다. 이론이 텍스트를 위해 존재하는 것이 아니라, 반대로 이론을 위해 텍스트가 희생을 해야 하는 경우가 그것이다. 지젝이라는 이론이 한국이라는 텍스트를 만나 한국의 상황을 이해하는 도우미 역할을 하는 것이 아니라, 오히려 지젝거리는 것에 한국이 동원되고 있다는 생각이 드는 것은 왜일까? 이것이 '지젝거린다'라는 말로 대변되는 한국 사회에서의 지젝 수용의 현주소가 아닐까 싶다. 우선, 이런 지젝 거품을 걷어내고 지젝을 바라 볼 필요가 있다고 본다. 그런 다음 우리에게 필요한 지젝의 이론을 탐색해야 할 것이다. 그렇다면, 우리가 지젝이라는 명절날 종합선물 세트 같은 사상가를 접할 때 제일 먼저 유의하면서 풀어봐야 할 것은 무엇일까?

대중들이 처음 지젝에 주목했던 이유는 그가 라깡의 정신분석이론으로 영화와 후기 자본주의 사회의 잡다한 문화현상을 비상한 통찰력과 상상력으로 분석했기 때문이다. 그리고 서로 다른 지적 지형에 위치하는 헤겔과 라깡, 즉 관념론과 정신분석학을 자유자재로 주무르는 유려한 필력과 매혹적인 논리, 천재적인 비유와 적용은 비평가들에게 질투심을 유발시켰다. 그러나 이것으로 지젝에 대한 유익을 마감한다면 문제가 있다. 그의 진정한 매력은 헤겔과 라깡, 그리고 마르크스를 쉬운 언어로 전환하여 복잡다단한 우리의 삶을 명확하고 쉽게 밝혔다는 데 있지 않다. 오히려 그 반대다.

지젝은 온갖 내공을 다 부리고 신묘막측한 이론을 끌어다 세상을 설명하려해도 세상은 봉합이 안 된다는 것을 보여주고자 한다. 그는 소소한 일상에서부터 거시적인 역사적 대의까지, 세계는 그 어느 것 하나 보편적 이론이나 규칙으로는 매끈하게 설명할 수 없는 틈과 균열로 가득 차 있다는 사실을 말하고 싶었던 것이다. 지젝이 헤겔과 라깡과 마르크스를 유려하게 이야기 한다고는 하지만 그들을 통해 말하고자 하는 것은 세상을 이해하는 통일된 법칙이나, 단일한 프레임이 아니다. 그것들을 동원했음에도 불구하고 설명되어지지 않는 세상의 실재(the Real)를 지젝은 가감 없이 보여준다.

결론적으로 지젝의 매력은 그가 구사하는 현란한 내공이 세계라는 실재를 보강하는 것이 아니라, 반대로 실재의 틈과 균열을 드러내는 데 사용되고 있다는 점이다. 그런데 그 틈과 균열이 지젝에게 있어 오히려 혁명을 사유케 하고 상상케 하는 웜홀과도 같은 역할을 한다. 그리하여 신자유주의라는 새로운 보편성으로 재편된 실재 속에서 여전히 혁명에 대한 미련과 희망을 버리지 못하게 함으로써 이 세계가 굳건하지 않음을 다른 방식으로 보여준다. 이것이 지젝 마니아들의 지젝 사랑의 이유인데, 이러한 지젝의 화법에 익숙해지려면 그가 말하는 실재에 대한 이해가 필수적이다.

실재(the Real)란 무엇인가?

전통적 의미의 실재는 무엇인가? 현실을 초월하여 현실 너머에서 현실을 관조하고 조정하고 영향을 미치는 힘의 근원 내지 운동의 원칙이라 할 수 있다. 플라톤은 그것을 '이데아'라 불렀고, 아리스토텔레스에게 있어서는 '부동의 동자'로 나타났다. 근대로 접어들어 데카르트는 '코기토', 칸트는 '물자체', 헤겔은 그것을 '절대정신'으로 표현했다. 신학적으로 칼 바르트는 그것을 '전적타자'라 불렀고, 틸리히는 그것을 '궁극적 실재'로 표기했다. 이렇듯 전통적으로 서구 역사에서 실재란 '상징적인 것(the Symbol)' 밖에 존재하는 것, 사회적인 것 밖에 있는 것, 언어로 포획되지 않는 것, 인간의 이성으로 잡히지 않는 것이었다. 철학적으로 그것은 선험적 영역으로, 신학적으로는 그것은 초월적 영역으로 불렸다.

하지만 지젝이 말하는 실재는 전통 형이상학에서 말해왔던 '초월적(transcendental) 실재'와는 다르다. 지젝은 본인의 기념비적인 데뷔작이라 할 수 있는 『이데올로기의 숭고한 대상』(1989)의 예제품이 성격의 책인 『삐딱하게 보기』(1991)를 『이데올로기의 숭고한 대상』이 세상에 나온 2년 뒤에 출판하였다. 『삐딱하게 보기』를 연습용이라고 한 이유는 대중문화, 소설, 오페라, 히치콕의 영화 등을 끌고 들어와 『이데올로기의 숭고한 대상』에서 언급한 이론적 내용들을 보다 알기 쉽게 보완하고 있기 때문이다.

특별히 지젝은 이 책에서 미국 작가 하이스미스의 단편소설 「검은 집」을 우리에게 소개하며 실재에 대하여, 아니 더 정확히 말하면 텅 빈 실재를 메우는 환상의 역할과 기능에 관한 그의 앞으로의 본색을 드러내고 있다. 「검은 집」의 내용은 다음과 같다. 원작을 크게 훼손하지 않는 범위 내에서 내용을 따라가면서 지젝이 말하는 실재가 무엇인지 유추해 보기로 하겠다.

무대는 미국 시골 어느 선술집, 날이 저물면 마을에 사는 남자 인간들이 하나 둘 그곳으로 모여 들어 언덕 위 '검은 집'에서 있었던 자신들의 추억을 안주 삼아 시간가는 줄 몰라 한다. 그때 그 이야기를 다 듣고 있었던, 마을로 새로 이사 온 한 젊은 엔지니어가 "내가 그 집에 가서 여러분의 추억을 확인하고 오겠습니다. 여러분, 그 집이 어떻게 변했는지 궁금하지 않으세요? 함께 갈 사람 없습니까?" 그 젊은 엔지니어의 제안에 아무도 반응하지 않았고, 결국 그 청년 혼자 언덕 위 '검은 집'으로 올라간다. '검은 집'에 도달한 젊은이 앞에 펼쳐진 광경은 무엇이었을까? 마을 사람들의 아름다운 '검은 집' 관련 에피소드와는 다르게 한마디로 현재 언덕 위 '검은 집'은 흉측한

폐가에 불과했던 것이다. 청년은 이 진실을 들고 마을로 내려갔고, 술집에 모여 있는 그 남자 인간들에게 언덕 위 '검은 집', 아니 곧 허물어질 것 같은 폐가를 돌아본 소감을 전달했다. 그 순간, 떠들썩했던 술집엔 찬물을 끼어 얹은 듯한 정적이 흘렀고, 얼마 지나지 않아 그 청년은 짧은 외마디 비명소리를 내며 피를 흘리고 바닥에 쓰러졌다. 쓰러진 청년 뒤로 칼을 손에 든 한 마을 남자가 서 있었다.

얼마나 세월이 흘렀을까? 오늘은 살인죄로 징역을 살던 그 사내가 석방되는 날이다. 동네 몇몇 남자 인간들이 감옥 앞에서 두부를 들고 그를 반갑게 맞이하고, 함께 저녁을 먹고, 새롭게 장소를 옮겨 단장한 바에서 축하주를 마시면서 그 동안 못 다한 밀린 이야기를 하며 한창 분위기가 무르익어 가는데, 그가 갑자기 불쑥 일어나 이렇게 말한다: "난 그럴 수밖에 없었어 … 어떻게 그 놈이 그것을 건드릴 수가 있어? 어쩔 수 없었다구!" 이제 막 출소한 그의 최후 변론을 듣고 그곳에 모인 모든 사람들이 동의하면서, "그럴 수밖에 없었지. 그게 최선의 방법이었어. 네가 안 그랬어도 우리 중 누군가 아마 그렇게 했을 거야. 암 그렇고 말구. 그럴 수밖에 없었어…" 그리고 그들은 아무 일도 없었다는 듯 술잔에 술을 채우고 브라보를 외쳤다. 여기까지가 이 이야기의 끝이다.

그렇다면, 소설 속「검은 집」은 무엇을 상징하는 것일까? 왜 마을 사람들은 '검은 집'에 목숨을 바치는가? 마을 사람들이 생각하는 '검은 집'은 현실(상징계)에 존재하지 않는, 천상에 존재하는 '검은 집'

이다. 지젝은 마을 사람들이 '검은 집'을 바라보는 관점이 기존 서구 형이상학이 취했던 실재에 대한 입장을 우회적으로 표현하고 있음을 지적하면서, 그 실재와는 다른 실재를 이야기한다. 지젝의 실재는 상징 시스템 밖에 있는 실재가 아니라, 상징 시스템 속에 들어와 있지만 상징 시스템에서는 드러나지 않는 그 무엇이다. '검은 집'은 마을 사람들의 현실 가운데, 남루하고 초라한 일상의 한 가운데 계속 존재했었다. 하지만 감추고 싶고 숨기고 싶었던 그 무엇이다. 지젝은 소설 「검은 집」을 통해 초월이란 우리와 상관없는 초월이 아니라, 초월성 자체가 이미 세계에 들어와 있음을 말하고 싶었던 것이다. 그런 점에서 지젝이 말하는 실재는 파격적이다.

그런데, 문제는 그 다음부터 발생한다. 어쩌면 이 대목이 지젝이 진정 관심하는 부분이다. 세상 속으로 들어온 초월이, 세상 속에 이미 존재해 왔던 실재가 완벽해보이고 안전해 보이는 현실의 질서에 틈을 내고 균열을 일으켜 우리들의 평안한 일상에 불안과 혼란을 조성한다는 것이다. 그리하여 현실의 법칙을 삐딱하게 보게 하고, 아무 일도 일어나지 않았던 이 세상을 의심의 눈초리로 바라보게 한다. 내가 보기에 지젝은 '실재가 무엇인가?'라는 질문에는 관심이 없다. '실재가 무엇인가?'라는 질문을 던지면서 실재를 추구하는 것 같지만, 지젝이 진정 관심하는 것은 '현실을 의심하라!'는 것이고, 현실을 무너뜨릴 수 있는 '혁명을 상상하라!'는 것이다.

대타자(the Big Other)의 붕괴

지젝의 이러한 실재관은 프로이트와 라깡으로 이어지는 정신분석학에서 많이 논의되는 타자(the Other)에 대한 정의와 겹친다. 내 안에 있지만 나를 능가하는 어떤 것, 내가 제어할 수 없는 어떤 것, 내 안에 있는 틈과 얼룩과 빈 공간을 정신분석학에서는 타자라 부른다. 기존 정신분석학은 주체의 결핍만을 이야기했다. 그래서 정신분석학적 치료란 '대타자(the Big Other)'로 상징되는 세계와 사회는 완벽하다는 가정 하에, 그에 적응하지 못하는 주체를 치료하는 것이었다. 주체의 결핍이 주된 치료의 대상이었던 것이다. 하지만 지젝은 주체의 결핍과 타자의 결핍, 둘을 다 이야기 한다. 주체의 결핍과 타자의 결핍, 그 양자의 결핍이 발생하는 복수적 결핍의 공간에 지젝은 개입하는데, 이것이 지젝의 특이한 점이다.

다음 예화는 지젝식 타자의 결핍을 이야기할 때 자주 인용되는 흥미로운 글이다: 닭이 자기를 잡아먹으려고 한다고 믿는 환자가 있다. 그는 스스로를 닭의 모이라고 생각하는 것이다. 오랜 시간 치료를 받고 완치가 되어 그는 자신이 닭의 모이가 아니라, 인간임을 깨달았다. 완치가 되고 돌아가던 그 환자가 의사에게 돌아와 이렇게 되물었다고 한다. "내가 이제 닭의 모이가 아니라 인간인 것은 알겠는데, 설마 닭도 그 사실을 알까요?"(지젝, 2009: 686)

여기서 닭은 세계와 사회, 즉 대타자를 상징한다. 대타자에 대한 지젝의 논의를 좀더 따라가 보자.

대타자는 주관적 전제라는 위상 속에서 비실체적, 혹은 문자 그대로 가상적(virtual)이며 부서지기 쉬운 것이다. 대타자는 주체가 마치 그것이 존재하는 것처럼 행위하는 한에서만 존재한다. 대타자의 위상은 공산주의나 민족 같은 이데올로기적 대의의 위상과 같다. 그것은 자신이 대타자 속에 있다는 것을 인정하는 개인들의 실체적 토대이며, 개인들의 존재적 기반이며, 삶의 의미 전체를 제공하는 참조점이다. 그것을 위해서는 자신의 생명을 바칠 준비가 되어 있지만, 존재하는 것은 개인들과 그들의 행위뿐이다. 그래서 이 실체는 개인들이 그것을 믿고 따르는 한에서만 현실적으로 작동한다.(지젝, 2007a: 21)

결국, 지젝에게 있어 대타자는 실체가 아니라 가상적인 것이다. 하지만 우리는 그 대타자가 실체인 것처럼 행동한다. 예를 들어 '군사부일체'라는 유교식 대타자의 명령은 한국사회에서 무시할 수 없는 현실의 법칙이다. 마치 그것이 실재하는 것처럼 우리는 행동한다. 그래서 어버이날 카네이션을 달아드리고, 스승의 날에 선생님들께 감사의 마음을 전하며, 대통령이 아무리 나라를 망쳐놔도 나라님이기에 감히 뭐라 할 수 없는 것이다. 만약 이를 어긴다면, 우리는 불효자, 배은망덕한 제자, 그리고 종북좌파 빨갱이가 되고 만다. 그런 낙인이 찍히면 살기 피곤해진다. 이런 이유로 우리는 '군사부일체'라는 텅 비어있지만, 상징적 세계에서 실질적 힘으로 작동하는 대타자의 명령에 따를 수밖에 없는 것이다.

앞서도 언급했듯이, 기존의 정신분석학적 치료란 정상적인 세계에서 적응하지 못하는 개인에 대한 치료에 집중되어 있었다. 그런데 지젝은 사람들이 말하기를 꺼려했던 천기를 누설한다. 대타자 역시 결핍되어 있다고 말이다. 그는 대체 무엇을 의도하는 것일까? 실제로 예를 들어, 한국사회에 자살자가 많다는 것은 자살하는 사람 본인의 문제, 즉 주체의 문제이기도 하지만 자살사회를 만들어 국민들을 자살로 내모는 대타자인 국가의 결핍이기도 하다. 세월호 참사를 통해 우리는 선장을 비롯한 승무원들의 결핍, 즉 주체의 결핍도 체험했지만, 그보다 더 우리를 분노하게 했던 것은 국가로 상징되는 대타자의 결핍, 아니 붕괴였다. 주체만 정신 차렸다면, 주체가 정상이었더라면 하는 아쉬움보다, 믿었던 대타자였던 국가가 텅 비어있었다는 사실이 우리를 잠 못 들게 한다. 어느 정도 예상을 못 했던 것은 아니나, 설마 이 정도까지 바닥을 칠 줄은 우리는 몰랐다.

결국, 지젝의 시선으로 세월호 사건을 바라본다면, 2014년 고난주간에 진도 앞바다에서 발생한 이 비극은 주체의 결핍, 즉 승무원들의 잘못, 혹은 구원파의 비리 때문인 것만은 아니다. 우리 안에 들어와 숨어 있었던, 하지만 아무도 말하지 못했던 분열된 대타자 대한민국의 실재가 커튼을 찢고 불쑥 융기한 사건이었다. 그렇게 세월호를 통해 우리는 대한민국의 민낯과 정면으로 만났던 것이다.

틈과 고통, 그리고 혁명

보통의 경우 현실에서 실재와 직면하는 경우는 거의 없다. 간혹 어쩌다 실재를 경험하는데, 그 경우는 설명이 안 되고 이해할 수 없는 고통이 엄습할 때다. 세월호의 경우가 그렇고, 성서에서는 욥의 경우와 예수 그리스도의 십자가 사건이 대표적인 케이스이다. 세월호를 통해서 우리는 어처구니없는 대타자 대한민국의 실재를 경험했고, 욥의 이야기를 통해, 그리고 예수 그리스도의 십자가 사건을 통해 우리는 대타자인 신의 결핍을 목격한다(지젝은 『죽은 신을 위하여』 제5장 "유대교의 뺄셈과 기독교의 뺄셈"에서 욥의 고난과 그리스도의 고통을 신의 무능과 결핍으로 그려내고 있다).

앞서 레비나스의 신정론 비판을 다루면서 레비나스는 고난의 유의미성을 내세우는 전통 신학의 고통 해석에 반기를 들었다고 설명한 바 있다. 지젝 역시 구약성서 「욥기」를 언급하면서 욥기는 고통을 정당화하는 신명기적 이데올로기에 대한 폭로이고 비판이었음을 분명히 한다.(지젝, 2007a: 201) 더 나아가 욥기에 비쳐진 신은 자신이 무엇을 원하는지 조차도 모르는 신으로 그려지고 있다. 자기에게 닥치는 고통의 원인을 묻는 욥을 향해, '당신이 내게서 원하는 것이 무엇인지?'를 묻는 욥에게 신은 "내가 땅의 기초를 놓을 때에, 네가 거기에 있기라도 하였느냐?"(욥기 38:4) 하면서 너무나 생뚱맞은 자랑질을 한다. 자신의 위치도 모르고, 자신의 역할도 제대로 파악하지 못하고 있는, 어딘가 모자라고 결핍된 신을 욥기는 그리고 있는 것이다. 이런 신의 무능은 신의 자기 분열 사건이라 할 수 있는 그리스도에서 절정을 이룬다. 지젝은 그것을 다음과 같이 적는다:

> 욥의 경우에는 고통 받는 절망적 인간(욥)과 신 사이에 간극이 있는 반면, 그리스도의 경우에는 신 자신 속에 간극이 있다. 그리스도의 간극은 신 자신의 근본적 분열, 혹은 신 자신의 자포자기이다. 따라서 "아버지여, 어찌하여 저를 버리시나이까?"라는 그리스도의 말은 좀더 근본적인 차원에서 이해해야 한다. 여기서 문제가 되는 것은 인간과 인간 사이의 간극이 아니라, 신 자신의 분열이다."(지젝, 2007a: 202)

그리스도 사건을 "신 자신의 근본적 분열, 혹은 자포자기"라 주장하는 지젝의 발언은 "하나님이 세상을 이처럼 사랑하사 독생자를 세상에 보내어 독생자 예수 그리스도가 흘린 보혈의 피로 우리를 구원에 이르게 하셨다. 그러므로, 누구든지 그를 믿으면 구원 받는다." 는 신학적 선언과는 전혀 다른 이해이다. 그리스도의 고난은 신 안에서 나타나는 신의 자기 분열과 틈, 그리고 무능일 뿐이다: "신이 계시하는 것은 신의 숨겨진 권능이 아니라 오히려 그의 무능함뿐이다."(지젝, 2007a: 205) 위의 인용대로라면, 그리스도교는 보혈의 승리에 의지하는 종교가 아니라, 신의 무능과 자기 분열에 의지하는 종교다. 신실함과 숭고함 보다는 오히려 불경스러움과 외설이 그리스도교의 실재가 아닐까? 지젝은 이렇게 그리스도교를 비튼다.

하지만 지젝은 여기서 멈추지 않고 한 발짝 더 나간다. 너무나 아이러니컬하게도 십자가의 고통을 통해 밝혀진, 실패하고 좌절된 대타자 신으로 인해 "의미를 만들어내는 인간의 몫"이 드러난다.(지젝, 2007a: 220) 바로 이 지점이 지젝의 반전이 돋보이는 대목인데, 그 이유는 새로운 주체를 상정하기 때문이다. 주체는 철학에서 말하는 사회적 존재도 아니고, 생각하는 존재도 아니다. 또한 주체는 교회에서 말해왔던 예수 그리스도의 보혈의 능력으로 구원받은 존재도 아니다. 지젝이 말하고자 하는 주체는 대타자인 신의 틈과 균열을 감지하고, 그 틈과 균열을 책임지고 메우는 윤리적 주체이다. 그 과정에서 지젝은 성령이 개입한다고 보았고, 일련의 이 과정이 지젝이 볼 때는 그리스도교의 가장 큰 특징이다.(지젝, 2007a: 223-224)

그리하여 최종적으로 "왜 나에게 이런 고통이 일어나는가?"라는 신정론적 질문은, "이 고통을 어떻게 해석하면서 극복할 수 있을까?"라는 인정론(anthropodicy)적 질문으로 전환된다. 따라서 지젝의 주장이 옳다면, '고통 속에서 고통의 유의미성을 발견하라!'는 전통적인 신정론적 고통 이해는 이제 그 시효를 다했다. 이것은 고통의 당사자 혹은 고통의 희생자를 두 번 죽이는 행위일 뿐 아니라, 고통을 유발하는 원인과 책임자에 대한 방임과 면책의 사유가 된다. 그런 의미에서 지젝이 말하는 고통 속에서 발견해야 할 "인간의 몫"은 고통의 시대, 고통의 사회를 살아가는 우리들에게 시사하는 바가 크다.

그것은 예를 들면 이런 것이다. 한국 현대사의 전개과정에서 늘 반복되는 대타자의 명령이 있다. 그것은 "더 나은 세상을 위해 지금의 일시적 고통을 함께 잘 참고 견디자!"라는 구호다. 이는 박정희 시절부터 그의 딸이 대통령이 된 시대까지 수십 년 동안 이어져왔던 음성이었다. 산업화 시대부터 현재 신자유주의시대까지, 더 많은 물질적 복을 위해, 국가 경제를 위해 고통은 한국 땅에서 마땅히 우리 모두가 감당해야 했던 숭고한 이데올로기였다.

하지만 대타자 대한민국은 그동안 곳곳에서 자기의 틈과 균열을 드러내 보였다. 가장 대표적인 것이 경제논리를 국민기만의 논리, 즉 고통을 내면화시키는 논리로 사용했다는 점이다. 그들은 재벌의 성장을 위해 민중의 고통을 제단에 바쳤다는 사실을 누설하지 않았다. 그 예식을 치를 때마다 "우리도 한번 잘 살아보세! 경제성장, 부국강병, 고통분담" 등의 축문들이 낭독되었고, 그 예식에 참여하였던 국민들은 자신들의 나태하고 해이해진 마음을 회개하고 대타자의 숭고한 명령에 순종하였다.

신자유주의는 유토피아를 말하지만 그 유토피아는 자본의 원칙만이 정언명법이고 합법칙성인 세계를 지향한다. 자본의 속성을 유지하기 위해 세계의 부를 1대 99의 비율로 분할할 때까지 자본의 운동을 제지하기 위한 노력은 없을 것이고, 그 과정에서 발생하는 수많은 고통의 목소리는 묻힐 것이다. 대한민국은 이런 신자유주의 법칙이 신자유주의 본고장인 미국보다 더 충실히 실행되고 있는 지역이다. 대타자 대한민국은 이런 본인의 실재를 국민들에게 여전히 밝히고 있지 않고 있다.

세월호 사건은 이런 대타자 대한민국의 틈과 균열을 뚫고 융기한 대한민국의 실재(the Real)라 할 수 있다. 이상적인 대타자는 존재하지 않는다. 유토피아의 이름으로, 보편의 이름으로, 경제성장 혹은 경제안정의 이름으로, 국가정의의 이름으로 정당화되면서 한국사회에서 그동안 쌓여왔던 고통이 응축되다가 터진 사건이 바로 세월호 참사다. 이런 이유로 우리는 그 고통을 필연이라고 주장하는 목소리와 싸워야 한다. 지젝에 의하면 그리스도의 고통은 무능한 신의 실재가 드러난 사건이었고 우리에게 그 틈을 메워야 한다는 윤리적 실천의 과제를 선사하였다. 세월호 사건 또한 마찬가지다. 세월호의 고통은 대한민국의 틈과 균열을 여실히 드러내는 증상이다. 그 증상은 우리에게 지금의 현실에 대한 결단과 책임을 요청한다.

이렇듯, 고통은 더 이상 인고의 대상도 아니고, 숭고한 이데올로기의 명령도 아니다. 고통은 이제 본인이 제공하는 비탄의 되새김을 통해 우리가 살고 있는 사회에서 윤리적이고 정치적인 측면을 강화하는 수단과 가능성으로 존재한다. 그리하여 우리로 하여금 대타자의 틈과 균열을 비집고 올라가 혁명을 노래하고 상상하게 하는 촉매의 역할을 한다. 이것이 지젝의 고통론 속에 담긴 함의가 아닐까 싶다.

맺는 말: 고통의 인문학을 향하여

지금까지 나는 이 글에서 고통에 대한 고고학적 접근과 현상학적 접근, 그리고 정신분석학적 윤리를 동원하여 역사의 전개과정에서 등장하였던 고통 일반에 대한 해석학적 작업을 도모했다. 글의 전반부가 고통 일반에 대한 서사였다면, 글의 후반부에서 레비나스와 지젝을 경유하면서 세월호의 고통에 포커스를 맞추었다. 그리하여 최종적으로 고통이 지니는 정치철학적인 속성과 윤리적 실천을 언급하면서 고통을 통한 혁명의 귀환을 상상하고자 했다.

고통을 해석하고 그 고통에서 의미를 찾아내 내일을 위한 타산지석으로 삼는 것이 고통의 해석학, 혹은 고통을 바라보는 그간의 인문학적 성찰이었고, 나 역시 그런 의도에서 글을 시작했는데, 이번 작업은 여느 글쓰기보다 힘이 들었고, 마음도 무거웠다. 그러던 어느 날(세월호가 물에 빠졌던 그 해), 내가 속한 한백교회에서 세월호 유가족 몇 분을 초청하여 주일 예배를 함께 드린 적이 있었다. 구석에 쭈그리고 앉은 나는 고개를 들 수 없었고, 닦아도 닦아도 흐르는 눈물은 마르지 않았다. 신학의 언어가 그 가족들 앞에서 얼마나 빈약하고 초라하던지! 바람에 날리는 그분들의 머리칼 하나 움직일 수 없고, 흘러내리는 그분들의 눈물하나 닦아 줄 수 없었던 신학의 무력함이 원망스럽고 한스러웠지만, 그럼에도 불구하고 나는 아무 말도 못했고 아무것도 할 수가 없었다. 오히려 그것이 다행이다 싶었다.

이런 경험을 하면서 고통에 대한 보다 폭넓은 인문-신학적 말걸기가 필요하다는 생각이 들었고, 그래서 글의 제목을 '고통의 인문학'으로 잡았는데, 다시 제목을 바라보니 고통 옆에 있는 '인문학'이라는 글자가 낯설고 어색하게 다가온다. 왜, 나란히 자리한 고통 옆 인문학의 자리가 저리 궁색해 보일까? 그 이유는 아마도 현재 한국 사회에서 생산되고 유통되며 소비되는 인문학 열풍이 지닌 천박함 때문일 것이다.

10년 만에 유학을 마치고 귀국하여 느낀 것 중에 하나는 한국사회의 인문학 열풍이다. 웬만한 책 제목들, 그리고 시민강좌들의 강의 명을 살펴보면 인문학이라는 글자가 안 들어 간 것이 없다. 그동안 몇 년 안 되는 귀국 후 생활이지만, 내가 바라본 한국 사회 인문학 열풍의 원인은 크게 두 가지이다. 하나는 인문학이 자기개발 담론으로 활용되고 있다는 것이고, 다른 하나는 인문학이 힐링을 위한 도구로 소비되고 있다는 점이다.

자기개발과 힐링의 공통점이 무엇일까? 고통과 희망이다. 자기개발은 고통에 대한 예방책이고, 힐링은 고통으로부터 탈출하려는 후속조치다. 자기개발은 아직 오지 않은 희망에 대한 기대이고, 힐링은 사라져 버린 희망에 대한 송사이다. 이렇게 고통과 희망을 교집합으로 하여 자기개발과 힐링은 인문학이라는 뜰에서 하나가 된다. 이런 과정을 거치면서 변형된 21세기 한국 인문학의 최종목적지는 현실에 뿌리박지 않은, 현실로부터 괴리된 판타지를 대중들에게 퍼뜨리는 것이다. 그것도 '희망의 인문학'이라는 이름으로 교묘히 변형된 채 말이다.

물론, 인문학이 희망을 말하고 행복을 말했던 시기도 있을 것이다. 하지만 그 내용들은 지금 한국 사회를 휩쓰는, (희망의) 인문학 열풍에서 강조하는 힐링 담론도 아니었고, 자기개발담론은 더군다나 아니었다. 그동안의 인문학 전통에서 행복을 말하고 희망을 말한다 함은 이런 것들이 아니었을까 싶다: "희망은 언제 오는가? 아니, 희망은 왜 없는가? 내가 지금 행복을 꿈꾸는 것은 죄악 아닌가? 이 시대 속에서 우리의 집단적 희망과 행복은 무엇으로 담보하는가?"

척박한 역사의 고통 한 가운데서 역설적으로 희망에 대한 강력한 의지를 드러냈던 학문이 인문학이었으나, 그것은 현실과 관계없는 미래에 대한 주술이 아니라, 현실의 고통에 대한 천착으로부터 시작되었다. 이 말은 인문학이 현실의 고통에 대한 힐링보다는 고통에 대한 기억과 애도에 포커스가 있었다는 말이다. 물론 시대마다 인물들마다 각자가 겪어야 했던 고통과 절망의 원인은 달랐다. 비록 이유는 상이하나 인문학이 물었던 질문은 같았다: "이 고통의 요체가 무엇인지? 이 고통으로 인한 절망의 끝은 어디인지? 그 고통과 절망의 끝에서 인간은 다시 무엇을 말할 수 있고, 무엇을 할 수 있을지? 이 고통이 나를, 그리고 우리를 어디로 인도할는지?" 이상은 인문학이 오랜 시간동안 물어 왔던 고통과 관련되었던 질문의 내용들이다. 이렇듯, 인문학은 고통과 절망을 외면하거나 이 땅과 격리시켜 바라보지 않고 정면으로 응시하려했던 정직한 정신이고, 그 물음을 끝까지 포기하지 않았다는 점에서 올곧은 정신이다.

어쩌면 고통은 삶의 조건이고 양태일지도 모르겠다. 고통은 회피의 대상도 아니고, 숭배의 대상도 아니다. 그러므로, 고통의 인문학은 고통에 대한 신화화와 탈역사화에 저항하면서 고통의 실재를 드러내고, 그 고통을 왜곡하고 감추려는 현실의 권력을 폭로하는 역할을 한다. 그리하여 고통을 감싸고 있는 진실을 밝혀내고 그 진실의 힘으로 현실의 고통을 생산하는 메커니즘을 해체하는 것, 그것이 '고통의 인문학' 안에 담긴 기대이고 요청일 것이다.

참고문헌

레비나스, 에마누엘, 『시간과 타자』, 강영안 옮김, 문예출판사, 1996.

레비나스, 에마누엘, 『윤리와 무한』, 양명수 옮김, 다산글방, 2000.

Levinas, Emmanuel, Entre Nous: On Thinking-of-the-Other. Trans. Michael B. Smith & Barbare Harshav. New York: Columbia University Press. 1998.

Levinas, Emmanuel, The Levinas Readers, ed. Sean Hand. Oxford: Basil Blackwell, 1989.

Levinas, Emmanuel, Totality and Infinity: An Essay on Exteriority. Trans. Alphonso Lingis, Pittsburgh, PA: Duquesne University Press, 1969.

지젝, 슬라보예, 『삐딱하게 보기』, 김소연 옮김, 시각과 언어, 1995.

지젝, 슬라보예, 『시차적 관점』, 김서영 옮김, 마티, 2009.

지젝, 슬라보예, 『죽은 신을 위하여』, 김정아 옮김. 길, 2007a.

지젝, 슬라보예, 『How to Read to 라깡』, 박정수 옮김, 웅진하우스, 2007b.

아감벤, 조르조, 『호모 사케르』, 박진우 옮김, 새물결, 2008.

우리의 연결을 상상하라:
다른 생명의 고통

유기쁨

여는 말: 기억, 그리고 생각

아느 네스는 산을 무척이나 좋아했던 노르웨이 철학자다. 어린 시절부터 산이 많은 노르웨이의 광활한 자연을 벗 삼아 산타기를 즐겼던 소년은 훗날 노르웨이의 이름난 산악가가 되었을 뿐 아니라 생태계 보전을 위해 굵은 족적을 남긴 사상가가 되었다. 서구 사회에서는 20세기 중후반부터 인간에 의한 환경 악화가 눈에 띄게 가시화되면서 위기의식이 고조되었고, 문제의 원인과 해결을 둘러싸고 여러 갈래의 생태담론이 전개되어 왔는데, 네스는 'Deep Ecology', 우리나라에서는 "심층생태학(혹은 근본생태론)"으로 번역되는 사상 및 운동의 창시자로 알려져 있는 사람이다. 네스는 생태적 위기 극복을 위해서는 가령 한국에서 1970년대에 유행했던 '자연보호운동'과 같은 캠페인성 운동만으로는 안 된다고 생각했다. 그러한 운동은 '얕은' 거죽만을 건드리고 있을 뿐이며, 생태문제를 근본적으로 극복하기 위해서는 각자에게서 근본적이고 심층적인 태도의 변화가 필요하다고 보았던 것이다. 네스는 인간과 삶, 그리고 그를 둘러싼 세계에 대해, 그리고 인류가 직면한 생태적 위기에 대해 중요한 이야기를 많이 했지만, 이상하게도 내 마음에서 떠나지 않는 구절은 따로 있었다.

아시겠지만, 생각하는 것은 고통스럽습니다. 그들은 진짜 위험이 있을 가능성에 대해서는 생각해 보는 것조차 원치 않았습니다.(로텐버그, 2011: 230)

이 말은 네스가 1943년에 있었던 일을 회상하면서 한 말이다. 당시 노르웨이에서 대학교수로 학생들을 가르치던 네스는 나치에 저항하는 레지스탕스 활동에도 비밀리에 참여하고 있었다. 그의 대담집인 『생각하는 것이 왜 고통스러운가요?』에 실린 내용을 간략히 소개하면, 그 무렵 독일군은 노르웨이를 강도 높게 압박하고 있었는데, 1943년 어느 날에는 마침내 골치 아픈 대학생들을 모두 사로잡아서 독일의 강제수용소로 이송시키도록 결정을 내렸다고 한다. 이 사실을 알게 된 레지스탕스 측에서는 오전 9시 30분에 학생들에게 전단지를 나누어주면서, 독일군이 10시에 오슬로대학을 급습하기로 했다는 소식을 알리고 대피를 권했다. 네스는 그 중 한 사람이었다. 상당히 급박한 상황이었지만 전단지는 무사히 배포되었고, 학생들은 대부분 10시가 되기 전에 그 소식을 알게 되었다. 자, 어떤 일이 일어났을까?

네스가 전한 바에 따르면, 수천 명의 학생들은 그 소식을 진지하게 받아들이고 곧바로 대피했지만, 수천 명의 다른 학생들은 그 소식을 듣고도 경고를 진지하게 받아들이려 하지 않았다. 설마 그러한 일이 진짜로 일어나겠는가, 하고 전단지를 그냥 버린 학생들도 많았다고 한다. 그러나 마침내 10시 5분이 되자 독일군이 대학을 포위한 뒤 그들을 그대로 붙잡아서 독일의 강제수용소로 이송시켜 버렸다. 네스는 바로 그 상황을 떠올리면서 위의 말을 했던 것이다.

생각하는 것. 특히 '진짜 위험'에 대해 진지하게 생각하는 것은 고통스럽다. 네스가 이야기한 상황은 독일군의 기습적 움직임을 염두에 둔 것이지만, 그것은 다른 맥락에도 적용될 수 있다. 오늘날의 생태적 위기 상황이 의미하는 위험이 그러하다. 공기가 나날이 탁해지고, 하천이 흐려지고, 마실 물을 믿을 수 없을 뿐 아니라, 땅도 급속도로 오염되어 간다. 또한 기후변화로 인한 이상기온 현상 등 직접 체감할 수 있는 환경 악화 문제는 오늘날 우리가 심각한 생태적 위험에 직면해 있음을 상기시킨다. 과연 이러한 위기, 위험 상황을 타개하기 위해 우리는 진지하게 대안을 생각하고 또 행동하고 있을까?

· · · ·

생태적 위기와 심리적 마비

곧바로 대답을 찾기에 앞서, 우리는 현대인이 당장 체감할 수 있는 환경 악화의 문제에 직면했을 뿐 아니라, 이와 연관된 심리적 차원에서도 위기를 겪고 있다는 사실을 염두에 두어야 할 것 같다.

인간의 동기와 행동을 연구하는 많은 심리학자들, 정식분석학자들은 인간의 심리적 안녕을 위해서 이른바 '상징적 불멸성'의 감각이 필요하다고 주장한다. 곧 죽음이나 분리의 경험에 직면해서도 자아나 삶이 계속된다는 느낌을 유지하는 것이 정신적 안정감을 형성하는 데 중요하다는 것이다. 그러한 상징적 불멸성/연속성의 느낌은 다양한 방식으로 얻어진다. 가령 종교적으로는 사후세계에 대한 믿음으로 표출되는 경우도 있고, 만약 내가 만약 죽더라도 후손을 통해 삶이 지속된다는 느낌, 곧 에릭 에릭슨이 이야기한 생산성(generativity)의 전망을 통해 표출되기도 한다. 내 삶이 저물어가더라도 후손이나 후계자들을 양성함으로써 나의 꿈은 계속 이어진다는 생각으로 심리적 안정감을 얻는다는 것이다.

그런데 오늘날 생태적 위기는 자아/생명의 연속성이라는 개념 자체에 대한 심리적 도전이 되고 있다. 특히 1945년 최초의 원자폭탄 실험은 하나의 기점이 된다. 원폭실험은 인류가 지구상 생명체 대부분을 파멸시킬 수 있는 엄청난 힘을 가지고 있다는 것을 실감케 했고, 특히 냉전기간 동안 많은 사람들은 제3차 세계대전이 일어나면 지구가 멸망할 것이라는 종말론적 그림을 무의식중에 그리게 되었다.

1970년대에 미국에서 어린이, 청소년들을 대상으로 실시한 설문조사 및 인터뷰 조사 결과를 분석한 글(McDargh, 1989)을 살펴본 적이 있다. 많은 어린이, 청소년들의 답변에서는 핵전쟁이 일어나면 설령 내가 살아남더라도 가족이나 친지들은 다 죽을지 모른다는 '분리'의 공포,

내가 죽더라도 이미 모두가 죽고 파멸했으니 아무도 내 무덤에 찾아올 수 없을 것이라는 두려움 같은 것이 굉장히 많이 나타났다고 한다.

냉전은 종식되었지만 두려움과 불안은 종식되지 않았다. 오히려 인류가 지닌 더 강한 힘과 눈부시게 발달한 테크놀로지는 상황을 점점 더 악화시키고 있다. 지구환경은 걷잡을 수 없이 나빠지고 있으며, 우리의 후손들이 살아갈 세상이 어떠할 것인지, 지속가능한 미래에 대한 전망도 점점 더 흐려지고 있다. 한국의 상황도 다르지 않다. 대다수 한국인들은 사정이 점점 나빠진다는 것을 몸소 실감하고 있다. 우리는 나날의 일상에서 점점 심해지는 환경 악화를 직접 경험하고 있을 뿐 아니라, 다양한 매체를 통해서 이러한 문제가 전 지구적으로 일어나는 거대한 변화의 일부에 지나지 않으며, 지구온난화를 비롯해서 인류가 초래한 갖가지 문제가 가속화되고 있다는 사실을 알고 있다. 특히 후쿠시마 핵발전소 폭발 사고 이후, 현대사회가 자멸을 향해 무서운 속도로 달려가고 있는 것은 아닌지, 사람들 사이에서 불안감이 높아지게 되었다.

그러한 불안감은 그저 사람들의 막연한 악몽에 불과한 문제가 아니다. 최근 지질학계에서는 일부 학자들을 중심으로, 지구의 역사에서 우리가 사는 시대를 '인류세(人類世)'로 구별해서 지칭해야 한다는 목소리가 높다. 지구 전체의 역사를 놓고 볼 때, 고생대 이후 다섯 차례의 대멸종이 있었다고 한다. 6천 6백만 년 전 다섯 번째 대멸종인 공룡의 멸종을 기점으로 중생대가 끝나고 포유류의 시대인 신생대가 시작되었다. 그리고 약 1만 년 전 마지막 빙하기가 끝난 이후부터 현재에 이르는 시간은 신생대 가운데서도 제4기의 '충적세'로 지칭되어 왔으며, 이 시기는 인류 문명의 탄생과 발전을 특징으로 한다는 것이 지금까지의 일반적으로 공인된 학설이었다. 그런데 근래에 인류의 환경파괴가 극심해지면서, 지구 역사상 신생대 제4기의 충적세가 마무리되고, 이제는 완전히 새로운 시대로 접어들었다는 주장이 일부 학자들 사이에서 제기되고 있다. '인류세'의 시작일로 첫 원폭실험이 이루어진 1945년 7월 16일이 제안되고 있다는 사실은 의미심장하다. '인류세'의 가장 큰 특징은 문명의 발달을 이룬 인류가 역으로 생태계와 지구 전체의 시스템에 엄청난 영향을 미치게 되었다는 점이다. 학자들은 '인류세'를 지구 역사상 여섯 번째 대멸종 기간으로 설정한다. 그리고 지구 역사상 여섯 번째 대멸종의 주인공으로 절멸의 위기에 처한 것은 바로 우리 인간이다.

이처럼 생태환경의 파괴로 인한 위기의식이 전방위에서 고조되는 가운데 우리가 좀더 눈여겨보아야 할 것은, '세상이 무너져가고 있다, 가라앉고 있다, 하지만 우리를 구원해줄 시스템 같은 것은 갖춰지지 않았다'는 두려움과 불안감, 그리고 막연한 분노가 개인적으로, 사회적으로 부글부글 끓어오르고 있다는 점이다. 다시 말해서, 상징적 불멸성/연속성/생산성이 위협받는 상황이 지속되는 가운데, '심리적 마비(psychic numbing)' 현상이 도처에서 나타나고 있다. '심리적 마비'는 히로시마와 나가사키의 원폭 생존자들을 인터뷰한 미국의 정신의학자 로버트 리프턴(Robert Jay Lifton)이 원폭 생존자들에게서 나타나는 심리적 특징을 묘사하기 위해 처음 제안한 용어인데, 곧 생존자들이 속수무책으로 피할 수 없는 파멸을 목전에 두고서 살아간다고 막연히 느끼는 가운데, 앞으로의 전망이나 상상이 죄어드는 것 같은 견디기 힘든 갑갑함을 경험하게 되는 현상을 가리킨다(Lifton, 1987: 105; McDargh, 1989: 95). 그런데 이러한 '심리적 마비'가 점점 확산되어 오늘날에는 일종의 사회현상으로 나타나고 있는 듯하다. 더불어, 세상은 불확실하고 조절이 불가능하다고 은연중 생각하면서, 내가 조절할 수 있는 지금 여기의 쾌락에 집중하는 양상도 폭넓게 나타나고 있다. 개인적으로도 그렇고 사회적으로도 그러하다.

그렇게 절망이 일상화되면 무력감과 함께 문제에 대한 회피, 다른 존재에 대한 무관심이 광범위하게 나타나게 마련이다. 생태적 위기에 대한 정치적, 개인적 무기력의 경험이 누적되어 가면서, 사람들이 점차 환경 악화로 인한 타자의 고통에 무감각해진다는 점이 확연히 가시화되고 있다.

중국 북송대의 유학자인 정호는 나 이외의 다른 존재에게 무관심한 상태를 일종의 질병에 비유한 바 있다.

의학 서적에서는 손발이 마비된 것을 불인(不仁)이라 하는데, 이 말은 인(仁)을 가장 잘 표현한 것입니다. 인자는 천지만물을 한 몸으로 여기기 때문에, 어떤 것도 자기가 아닌 것이 없습니다. 천지만물을 모두

자기라고 생각한다면 어디엔들 미치지 못하겠습니까? 만약 자기 몸의 일부가 아니라면, 자연히 자기 자신과 상관이 없게 됩니다. 마치 손과 발이 마비되어 기(氣)가 통하지 않게 되면, 모두 자기에게 속하지 않는 것과 같습니다.

『하남정씨유서』

이처럼 정호는 세상의 모든 존재가 한 몸과 같이 연결되어 있다고 보면서 다른 존재를 자기 몸처럼 느끼는 상태를 곧 인(仁)으로 칭하고, 다른 존재를 나와는 상관없다고 여기는 것은 이와 반대로 불인(不仁)이라고 칭했다. 그는 송대 의학에서 신체적인 마비를 불인(不仁)이란 단어로 표현하는 데 착안하여, 다른 존재에 무관심한 것은 비유컨대 의학적으로 몸이 마비된 것이나 마찬가지 상태라고 지적한 것이다. 약 천 년 전 정호의 그러한 지적은 오늘날 생태적 위기 상황에서 심리적 마비를 경험하는 우리에게도 적절히 들어맞는 듯하다.

주의해야 할 점은, 그러한 심리적 마비 증상은 단지 개인의 병적 상태에만 그치지 않는다는 점이다. 절망의 일상화 과정에서 널리 나타나는 무력감/회피/무관심은 다시금 새로운 절망을 만들어내고, 그 절망은 새로운 무력감/회피/무관심을 불러일으키는 등, 추락하는 악순환의 고리는 끝이 없다.

굳이 정호의 이야기를 가져오지 않더라도, 1945년 이후 오늘날의 생태적 위기 상황은 총체적인 심리적(보는 시각에 따라서는 영적) 위기를 수반한다고 진단할 수 있다. 이러한 절망의 일상화가 오히려 제일 무서운 것일지도 모른다. 그러나 그렇다고 해서 섣불리 현실에 반(反)해서 생태적으로 밝은 미래의 희망을 이야기할 수도 없다. 아우슈비츠 수용소에 수감되었다가 극적으로 생존한 화학자인 프리모 레비의 말을 빌면, 눈과 귀를 억지로 틀어막는 사람만이 이런 상황에서 인류의 운명을 낙관할 수 있을 것이다.

그렇다면 섣부른 낙관에 빠지지 않는 가운데 이처럼 심리적으로 감각을 마비시키는 힘, 절망의 일상화를 뚫고 나아가면서, 숙명론적인 어두운 느낌에도 굴복하지 않으려면 우리는 어떻게 해야 할까? 그러한 물음을 마음에 간직한 채, 우리 앞의 문제들을 가만히 들여다보고 싶다.

다소 역설적이지만, 생태적 위기 상황에서 경험하는 상징적 불멸성/연속성/생산성의 위기를 통해 새삼스럽게 깨닫게 되는 점도 있다. 곧 미지의 다른 존재들의 고통이 우리의, 나의 고통과도 연결된다는 사실이다. 이 점을 좀더 차분히 살펴보는 데서 시작하자.

• • • •

후무스와 후마니타스

지구상에서 인간이란 종의 위치를 가만히 들여다보면, 인간은 생태계의 일부로서 자연 법칙에 종속되는 생물학적 존재이면서, 동시에 인간 이외의 존재들과는 구별되는 특질을 지니고 있다. 인류학자 로이 라파포트는 이처럼 상호 모순되는 듯한 인간의 특질을 후무스와 후마니타스라는 용어를 통해 선명히 대비시켰다(Rappaport, 1999: 406). 인간(human)은, 한편으로는 어원을 같이하는 단어인 흙(humus)에서 암시되듯이, 모든 살아있는 존재와 공유하는 "자연적 본성"을 지닌다. 다른 한편, 인간은 친절, 동정심, 박애, 문명 등을 의미하는 라틴어 후마니타스(humanitas) 및 후마누스(humanus)와 밀접하게 관계된다. 라파포트는 이것이 인류를 나머지 생명들로부터 구별하는 특징이라고 본다. 여기서 중요한 것은 인간이란 존재는 후무스적 특징과 후마니타스적 특징을 모두 지닌 복잡한 존재라는 점이다.

그렇지만 생각해보면, 지금껏 우리는 인간의 조건 가운데 일부만을 분리해서 그것만을 집중적으로 조명하고 고무하는 데 혈안이 되어왔던 것 같다. 인간 사회에서는 인간을 생태계의 일부로 보고 다른 유기체들과 연결된 존재로 조명하는 관점보다는, 인간만의 독특한 특질만을 강조하고 고무시키는 가운데 은연중에 혹은 노골적으로 인간을 자연에서 분리된 존재로 보는 시각이 점차 득세하게 되었다.

역사를 잠깐 거슬러 살펴보면, 서구에서는 과학혁명을 거치면서 형성된 기계론적 세계관이 근대문명의 발달을 위한 토대가 되었을 뿐 아니라 오늘날까지도 곳곳에서 그러한 세계관의 자취를 찾을 수 있다. 그 가운데 자연을 일종의 기계처럼 생각한 대표적인 인물은 근대철학의 아버지로 불리는 르네 데카르트다. 17세기 유럽에서는 시계 공업이 서서히 일반화되었는데, 정밀하게 자동으로 움직이는 자동 기계로서의 시계 이미지는 많은 이들에게 세계를 이해하기 위한 영감의 원천이 되었다. 데카르트는 기계론적 세계관을 철학적으로 체계화할 때, 인간과 인간 이외의 자연세계를 명확히 구별했다는 점에서 주목할 만하다. 가령 그는 인간은 다른 동물과 확연히 구별되는 독보적 존재이며, 인간에게는 생각할 수 있는 영혼이 있지만 다른 동물에게는 영혼이 없다고 주장했다. 동물은 고통도 기쁨도 느낄 수 없는 복잡한 기계, 일종의 자동기계인형(오토마타)에 불과하다는 것이다. 동물을 자동기계인형으로 보는 시각은 인간이 동물을 조작할 가능성을 열어준다. 데카르트의 철학은 오늘날에서 다각도에서 비판을 받고 있지만, 현대 문명과 이를 뒷받침하는 근대과학이 작동하는 곳곳에서는 데카르트의 전제들이 여전히 살아 숨 쉬는 것을 볼 수 있다.

　지구상에서 인간 이외의 다른 존재들이 살아있다고 여기며, 나아가 자연을 살아있는 일종의 유기체처럼 바라보는 시각(가령 '어머니 대지')은 자연을 죽어 있는 일종의 기계로 여기는 세계관으로 대체되면서 자연에 대한 통제와 지배를 용이하게 했고, 나아가 자연의 착취 및 상품화를 정당화해주었다. 그러한 가운데 인간 이외의 살아있는 존재들의 생명에 대한 감수성은 점점 둔감해졌고, 인간이 자연을 정

Musurgia Universalis (1650)에 실린 기계 뻐꾸기의 작동에 관한 그림

복하고 조작하며 심지어 착취하거나 파괴하더라도 그러한 일이 다른 존재들에게 고통이 될 수 있다고는 생각조차 하지 않게 되었다. 그러니 인간 이외 자연의 고통이 인간 자신의 고통과도 연결될 수 있다는 생각은 더더욱 하지 못했던 것이다.

나는 종종 박정희 전 대통령의 연설이 떠오른다. 그는 1962년 2월 3일에 열린 울산공업센터 기공식에서 "제2차 산업의 우렁찬 건설의 수레 소리가 동해를 진동하고 공업생산의 검은 연기가 대기 속에 뻗어나가는 그날엔 국가민족의 희망과 발전이 눈앞에 도래하였음을 알 수 있을 것입니다."라고 말했다. 오늘날에는 검은 연기란 곧 대기오염의 상징이지만, 불과 수십 년 전에는 검은 연기가 공기 중에 퍼져나가는 것이 희망의 상징처럼 제시되었던 것이다. 사실 박정희식 개발은 경제성장이라는 목표를 최우선시하면서 막무가내로 질주하는 기관차처럼 추진되었다. 그 과정에서 수많은 존재들의 희생과 고통이 뒤따랐음은 두말할 나위도 없다. 비유컨대 경제성장이란 목적지를 향해 미친 듯이 달리는 기관차의 선로 위에 미처 피하지 못한 동물들이나 심지어 사람들이 있어도 기관차는 결코 멈추지 않았으며, 희생된 존재들의 아픔은 '모두의 행복'을 위한 불가피한 과정으로 치부되었을 뿐이다. 그러니 공업단지에서 검은 연기를 뿜어내면서 공기를 더럽히고 폐수를 내보냄으로써 물을 오염시키더라도, 이는 경제성장의 어쩔 수 없는 부산물로 모두가 감내해야 할 몫으로만 여겼다. 최근 일부에서는 눈부신 고속경제성장을 그리워하면서 '박정희 향수'를 이야기하는 사람들이 있지만, 그러한 고속경제성장의 그늘에서 어떤 일들이 일어났는지를 잊어서는 안 될 것이다. 더불어 오늘날 찬란한 수식어로 미화되며 엄청난 규모로 이루어지고 있는 각종 개발 사업들도 십여 년 뒤에는 환경에 어떤 결과를 가져올지 두고 볼 일이다.

여하튼 지구 곳곳에서 인간이 스스로를 주위 환경과 분리된 독보적 존재로 여기고 '발전'을 위해 박차를 가해온 것이 그간의 사정이었다. 아주 최근에 들어서야 사람들은 특히 2차 세계대전 이후 인간이 자연에게 행해 왔던 것들이 자기 파괴의 과정으로 귀결되었다는 깨달음을 얻게 되었다.

잠깐 고개를 돌려, 1978년 11월 18일 남미 가이아나의 존스타운이란 곳에서 일어난 엄청난 사건을 생각해본다. 그날 그곳에서는 무려 9백여 명의 사람들이 가지런히 엎드린 상태로 시체로 발견되었다. 현장을 발견할 당시 촬영된 사진은 참으로 충격적이다. 260여 명의 어린이들까지 포함해서 거의 다 가족 단위의 미국인들이었는데, 대부분이 독극물을 풀어 넣은 과일주스를 마시고 숨진 채 발견되었다. 그곳에서는 인간 뿐 아니라 기르던 개나 가축, 심지어 금붕어까지 모든 생명체가 숨졌는데, 우물물이나 어항물에 이르기까지 그곳에 있는 모든 물에는 독약이 풀어 넣어져 있었던 것이다. 인민사원(People's Temple)으로 알려진 종교집단의 이른바 '대규모 집단자살'로 악명 높은 사건이다. 이 사건에 대해 처음 듣는 사람들은 대체로 경악을 금치 못하며, 그들을 반쯤 정신 나간 광신도들로 지칭하고, 제정신이 아닌 그들과 정상적인 '우리' 사이에 견고한 경계선을 그어놓는다.

여기서 인민사원 사건의 배경이나 사건의 정확한 역사적 재구성을 시도하려는 것은 아니다. 다만 지금 이 이야기를 꺼낸 까닭은, 나는 자꾸 오늘날의 상황이 인민사원 사건과 겹쳐져 보이고, 그러다보니 '그들'과 우리 사이에 자신만만하게 견고한 경계선을 그어놓기가 점점 더 어려워지기 때문이다.

다소 비약해서 말하면, 경제성장만을 위해 미친 듯이 달려온 오늘날의 우리 역시 우리가 마실 물에 독을 풀어 넣고 있었던 게 아닐까? 내가 보기에, 우리는 우리가 숨 쉬는 공기와 우리가 마시는 물에 독을 풀어 넣음으로써, 무모하게도 우리가 살아가는 환경의 거주 적합성을 다시는 돌이킬 수 없는 지점까지 악화시키고 있는 것 같다.

여기서 '환경'이란 말에 대해 다시 생각해보자. 환경(環境)이란 글자 그대로 둘러싸고 있는 상태나 장소 등을 뜻한다. 따라서 그것은 둘러싸이는 무언가를 전제하는 용어이다. 그러니 환경이란 독립적인 개념이 아니다. 반드시 무언가의 환경이라야 하고, 둘러싸이는 무언가과 분리될 수 없는 개념이다. 그러나 환경에 대해 말할 때 우리는 무심결에 둘러싸이는 유기체와 둘러싸는 환경 사이의 유기적 관계를 배제한 채, 마치 자연환경을 잠재적 상품들로 가득 찬 일종의 컨테이너 박스인 양 생각하는 경향이 있다. 그리고 더 빨리, 더 많이 상품들을 꺼내어 시장에 내놓으려고 경쟁적으로 개발에 뛰어든다. 그러나 당연한 말이지만, 우리를 둘러싼 환경은 상품들로 가득 찬 컨테이너 박스가 아니다. 예비 상품이 아니라 살아있는 생명체들이 주위 환경을 지각하고 환경 속에서 행동하며 환경과 상호작용하면서 살아가고 있는 것이다.

사람의 경우도 마찬가지다. 사람과 환경은 서로 완전히 분리된 영역들이 외부적으로 접촉하는 식으로 관계를 맺는 게 아니다. 각각은 서로에게 연결되어 있다. 사람들에게는 주위 환경과 관계해온 역사가 녹아들어있고, 환경에는 사람들의 활동의 역사가 중첩되어있다. 다시 말해서, 환경에는 유기체와의 상호작용의 과거, 현재, 미래가 담겨 있으며, 마찬가지로 유기체에도 환경과의 상호작용의 역사가 담겨있다고 할 수 있다. 사람과 환경은 동일한 세계의 상호 구성적 요소들로서 연속적인 과정에 함께 참여하고 있는 것이다.

이처럼 환경이라는 용어를 관계적으로 해석할 때, 그것은 기존의 근대적 공간 개념과는 여러 측면에서 구별된다. 세계를 정밀한 기계처럼 바라보기 시작한 근대에는 공간 개념도 획기적으로 변화되었다. 공간을 무의미하고 균질적인 것으로 여기는 근대적 공간관은 모든 자연 현상을 계산 가능한 것으로 변환시키려는 근대 과학의 이념과도 맞물려 있었으며, 인간이 자연을 지배하고 통제할 수 있으리라는 믿음과도 불가분의 관계를 가지고 있었다. 그리고 이는 자연에 대한 통제와 지배의 윤리를 수반했고, 자연의 상품화를 정당화하는 바탕이 되었던 것이다. 이제 공간은 본래적 가치와 의미를 상실했고, 그것의 사용가치에 따라서 분할되었다. 즉 죽은 공간(空間)이 되었다.

이러한 공간관은 오늘날에는 현대문명의 바탕을 이루는 상식처럼 굳어졌지만, 많은 생태사상가들은 근대의 공간 균질화 및 탈성화(脫聖化)야말로 자연의 무절제한 파괴를 가능하게 만든 중요한 세계관적 변화라고 본다. 그리고 우리는 생태적 위기를 경험하는 오늘날에야 인간과 자연환경이 실은 서로 불가분의 영향을 주고받아 왔음을 새삼스럽게 되새기게 된 것이다.

• • • •

살아있는 다른 존재들의 발견

그런데 단지 인간이 생태환경으로부터 단절된 독보적 존재가 아니며 오히려 주위 환경과 상호작용하는 후무스적 존재라는 점을 원론적으로 인정하는 것으로 문제는 끝나지 않는다. 세계 속에서 인간만이 살아있는 유기체인 것은 아니라는 점에 주의해야 한다. 그동안 간과되어 왔지만, 지금껏 '컨테이너 박스'처럼 여겨져 온 이른바 '자연' 속을 들여다보면 엄청나게 많은 살아있는 존재들을 발견하게 된다. 그리고 이러한 '다른' 존재들에게는 오히려 인간이 그들을 둘러싼 환경 속의 또 다른 유기체가 된다.

인간사회에서는 사람들 사이에서 바람직한 관계를 형성하기 위해 윤리가 존재해왔다. 여태까지 우리는 인간들 사이에서 일어나는 일에만 윤리적 관심을 가졌다. 그런데 인간 이외의 다른 존재들, 지금껏 굳이 의식하지 않았던 낯선 존재들과의 관계에 대해 생각한다는 것은 참으로 번거롭고 복잡하게 느껴진다. 이들과의 바람직한 관계 맺음을 위해 윤리적 관심을 가진다면, 그 범위는 어디까지이며, 또 무엇을 기준으로 삼아야 하는 것일까?

많은 학자들은 자연계의 다른 존재들, 특히 인간 이외의 동물을 바라볼 때 그들이 과연 이성을 가지고 있는지, 언어 능력이 있는지, 그들에게 문화가 있는지 등에 관심을 가지고 연구해왔다. 그리고 그 결과는 거의 언제나 기준이 되는 인간에 비해 그 낯선 존재들의 '능력'은 거의 없거나 한참 떨어진다는 것이었다. 그런데 최근에는 다른 방향에서 인간과 다른 존재들과의 관계를 모색하려는 시도가 이어지고 있다.

　그러한 시도 가운데 대표적인 것으로 윤리학자인 피터 싱어의 논의가 있다. 그는 고통을 느낄 줄 아는 생명체의 능력에 특히 주목했다. 즉 낯선 존재들(여기서는 동물)과의 관계에서, '그들은 고통을 느낄 수 있는가'를 기준으로 그들을 배려해야한다고 주장한 것이다. 이렇게 시각을 바꾸어 보면, 우리의 윤리적 고려의 대상은 인간의 영역에서 고통을 느낄 수 있는 존재들의 영역까지 확장된다.

　그런데 여기서 또 다른 물음이 생겨난다. 과연 고통을 느끼는 동물의 범위는 어디까지인 것일까? 이러한 물음이 생기면 머리가 또 다시 복잡해진다. 방송인 김제동씨는 어릴 때 돼지 잡는 광경을 보고 '아는 돼지'를 먹는다는 것이 마음에 걸려서 채식을 시작했고, 지금도 소위 '얼굴 달린 것들'은 먹지 않는다고 어딘가에서 들었던 기억이 난다. 이른바 얼굴 표정이 뚜렷한 동물의 경우에는 표정을 통해 그들이 느낌직한 고통을 미루어 짐작할 수 있으며, 감정이입이 좀더 용이하다. 그러나 표정을 알 수 없는 물고기나 곤충은 과연 고통을 느끼는 것일까? 또한 자연계의 살아있는 존재로 동물만 있는 것은 아니다. 이를테면 우리는 식물의 고통에 대해서도 말할 수 있을까?

몇 해 전 영주에 갔다가 우연히 길에서 오래된 나무들을 만나게 되었다. 어떤 동네에서 이정표 팻말을 보고 찾아가서 700살 된 느티나무를 만났는데, 돌아오는 길에 근처에서 또 다른 팻말을 보고 650살 느티나무까지 만나게 되었다. 혹시나 싶어서 더 둘러보니, 멀지 않은 곳에서 1200살가량 되었다고 팻말에 적힌 은행나무까지 만나볼 수 있었다. 불과 이십 여분을 돌아다니는 동안, 오십 살도 채 살지 못한 내가 도합 이천 오백 살이 넘는 나무 어르신들을 만나게 된 셈이다. 각각의 나무가 뿜는 아우라가 대단했다. 굉장한 경험이었다.

역사학자이지만 나무박사라고도 불리는 강판권 교수는 『어느 인문학자의 나무 세기: 역사와 신화 속에서 걸어 나온 나무들』이란 책에서 "은행나무는 고생대부터 지금까지 살아온 식물이다. 이 나무의 역사는 5억 년에 달한다."고 지적하면서, "은행나무는 엄청난 시련 속에서 한 존재가 어떻게 살아남았는지를 우리에게 보여 주고 있는 셈이다. 이 나무가 잎이 넓은 침엽수가 된 것은 어쩌면 인간들은 도저히 상상할 수 없는 어떤 엄청난 시련을 극복하기 위한 노력의 산물일지도 모르는 일이다."라고 의미를 부여하기도 했다(강판권, 2002: 78, 81).

사실 은행나무는 물론이고 느티나무, 소나무 등은 보통 수백 살을 살 수 있다. 그렇지만 도시에서는 그렇게 위엄 있게 나이든 나무들을 만나기란 거의 불가능에 가깝다. 교외 지역이라고 예외는 아니다. 점점 더 많은 나무들이 갖가지 이유로 베어지고 있다. 크게는 동계올림픽에서 며칠 동안 사용할 활강경기장을 만들기 위해 오백 년 된 원시림이 가차 없이 베어지는 가리왕산의 사례에서부터, 작게는 시골교회에서 주차장을 만들기 위해 마당에서 자라던 아름드리나무를 베어내는 일까지 그러한 사례는 무수히 많다.

식물학자 조안 말루프는 『나무를 안아보았나요』라는 책에서 "이제 우리에게 영감을 주는 늙고 아름다운 나무는 없어."(말루프, 2005: 79)라고 한탄하였는데, 전 지구적으로 '늙은 나무'가 줄어들고 있을 뿐 아니라 어린 나무까지도 무차별적으로 베어지고 있다. 지구상에서 이렇게 나무의 수가 엄청나게 줄어들고 있다는 사실이 슬플 뿐이다. 많은 현대인에게 나무는 땅에 꽂혀 있는 목재거나 재산이거나 상품, 혹은 심지어 거추장스러운 장애물일 뿐이며, 인간의 목적을 위해서 그것을 베어내는 일은 아무렇지도 않게 여겨진다. '고통을 느끼느냐'를 중시하는 피터 싱어의 논의도 무자비한 벌목에 대항하기 위해서는 별다른 힘을 갖고 있지 않다.

여러 물음이 뒤를 잇는 가운데, 윤리학자인 케네스 굿패스터는 고통을 느끼는지의 여부에서 한걸음 더 나아가, 살아있기만 하다면 그 모든 존재를 도덕적으로 고려해야 한다고 주장한다. '살아있음'을 기준으로 부각시키면서 도덕적 고려의 범위를 식물까지 확대한 것이다.

영주에서 만난 650살 느티나무

그런데 사실 현대문명은 뭇 존재의 '생명성', 다시 말해서 '살아있음'에 대해 점점 무관심하게 만드는 방식으로 굴러가고 있다. 가까운 예로, 현대사회에서 가축을 키우는 방식은 더 많은 고기의 생산에 최적화된 공장식의 축산업이 지배적이다. 공장식 축산이란, 말 그대로 살아있는 동물을 고기라는 상품의 원료로만 보고, 공장에서 상품을 찍어내듯이 좁은 공간에서 지나치게 많은 동물들을 사육하는 방식이다. 이와 같은 집약적인 축산 방식으로 인해, 구제역, 조류독

감 등의 전염병이 매우 쉽게 돌고 있다. 공장식 축산에서 기본적으로 소나 돼지, 닭은 생명이라기보다는 재산이나 상품으로 취급된다. 빠른 시간 안에 전염병의 확산을 막기 위해, 다시 말해서 상품이 상하는 것을 막기 위해 동물 수백만, 나아가 천만 마리가 살처분(생매장) 되는 일도 비일비재하다. 식물의 경우도 마찬가지다. 인간을 위한 어떤 목적이 있을 때면, 이를 위해 수백 년 된 나무를 베어내는 것이 아무렇지도 않게 여겨진다. 살아있는 수많은 존재들이 인간의 이익을 위해 겪는 고통을 당연한 것으로 여기거나 여기에 무관심한 것이 오늘날 인간사회의 모습이다. 이러한 시스템 속에서는 다른 존재들의 살아있음을 의식한다는 것 자체가 굉장한 노력을 필요로 한다.

그러나 지금 우리에게는 이렇게 죽어가는 동물들, 베어지는 나무들이 실은 "살아있는 생명이(었)다"라고 일부러 생각해보는 노력이 있어야할 것 같다. 생명에 대한 새로운 감수성을 가지고, 내 주위에 살아있는 또 다른 존재들과 함께 살아가려는 "공존"의 노력이 매우 필요한 시점이 아닌가 싶다.

여기서 '살아있음'에 대한 예민한 감수성을 가지고 스스로의 행동을 변화시키고자 애쓰는 자이나교의 사례를 잠깐 살펴보려고 한다. 자이나교는 우리에게는 다소 생소한 종교다. 자이나교의 주요 일파인 디감바라파 수도승들의 생활 방식은 더욱 생소하고 기이하다. 벌거벗은 채 털채 같은 것만 각자 하나씩 손에 들고서 발 앞을 쓸면서 걷는다. 백 년 전 사람들을 이야기하는 게 아니다. 바로 오늘날 인도 땅에서 살아가는 일부 사람들의 이야기다. 이들은 소박함을 넘어서 고행에 가까운 방식으로 하루하루를 살아간다. 벌거벗고 다니고, 모기가 달려들어도 쫓아내지 않고 피를 나누어준다거나, 물도 걸러서 아주 조금만 마신다거나, 또 머리카락, 수염을 비롯해서 몸에 있는 털을 다 뽑는 광경도 목격된다.

수도승 가운데 이른바 '높은' 사람들의 경우도 마찬가지다. 자이나교 디감바라파 수도승의 지도자는 '실천하는 사람'이란 뜻의 '아차리아'로 불린다. 한국 개신교로 따지면 한 교단의 대표인 셈인데, 그 역시 다른 수도승과 마찬가지로 벌거벗고 똑같이 고행하며 생활한다.

이들은 도대체 왜 그러한 방식으로 살아가는 것일까? 그들이 그렇게 사는 이유는 명쾌하다. 수많은 생명이 느끼는 고통을 최소화하기 위해서다. 사실 어디까지가 생명인지, 어디까지가 고통을 느낄 수 있는 존재인지는 생각만큼 자명한 문제가 아니고 그 경계는 유동적인데, 자이나교에서는 살아있는 존재의 범위, 고통을 느낄 수 있는 범위를 굉장히 넓게 잡고 있다. 좀더 들여다보자.

인도아대륙에서 탄생한 종교인 자이나교는, 아무래도 같은 인도아대륙에서 탄생한 종교인 힌두교, 불교와 공유되는 개념들을 가지고 있다. 윤회라든가 업이라든가 해탈이라든가. 그런데 그러한 주요 개념들을 해석하고 설명하는 틀은 각각 다르다.

자이나교의 시각을 풀어서 말하면, 본래 영혼(지바)은 깨끗하지만 몸으로, 입으로, 마음으로 지은 잘못(업)이 달라붙으면서 점점 무거

워진다. 업은 절대로 그냥 사라지지 않는다. 그래서 영혼은 이를테면 무거운 업의 물질들을 더덕더덕 붙인 채 끝없이 윤회하게 된다는 것이다. 그리고 수많은 업 가운데 다른 존재에게 고통을 주는 폭력적 행위에 의해 영혼에 달라붙는 업은 가장 나쁜 종류에 해당한다.

업의 속박으로부터 영혼을 해방시키려면, 영혼에 달라붙은 오래된 때와 같은 업을 녹여내고 또 더 이상 새로운 때가 들러붙지 않게 해야 한다. 오래된 때를 녹여내기 위해서 고행이 필요하고, 새로운 때가 들러붙지 않게 하기 위해서 다섯 가지 계율을 지켜야 한다. 그 가운데 가장 중요한 것이 '아힘사' 곧 비폭력의 실천이다. 살아있는 다른 존재에게 고통을 주지 않는 것이다.

바로 여기서 앞에서 등장했던 '문제'(?)가 다시 대두된다. 어디까지가 살아있는 것일까? 어디까지가 고통을 느낄 수 있는 것일까? 자이나교는 살아있음의 범위를 아주 넓게 잡을 뿐 아니라, 인간이 알게 모르게 다른 존재에게 미치게 되는 고통에 대해서도 매우 주의 깊게 접근한다. 혹시나 작은 벌레들을 밟게 될까봐 털채로 앞을 쓸면서 걷고, 식물의 영혼에 끼치는 해를 최소화하기 위해 최소한도의 것들만 먹고 산다. 물속의 보이지 않는 미생물을 상하게 할까봐 천으로 걸러서 소량의 물만 마신다. 그리고 내가 의도하지 않았더라도 나의 행동이 혹여 다른 존재들에게 폭력이 되진 않을지 다각도에서 고려하면서 행동을 조심한다. 예전에 내가 쓴 『생태학적 시선으로 만나는 종교』의 한 대목을 잠깐 인용하겠다.

자이나교인들의 눈으로 볼 때, 세상의 모든 존재들은 살아 있습니다. 세상의 모든 존재는 저마다 공통적으로 영혼 혹은 생명력 같은 것(곧 지바)을 지니고 있습니다. 우마스바티의 『타트바르타 수트라』에 따르면, 우주는 업의 물질을 지고 있는 영혼들로 가득 차 있습니다. 동물뿐 아니라 식물까지도, 나아가 흙이나 물, 불, 바람조차 영혼(지바)을 가지고 있습니다. 후자들은 생명도 없고 인식할 수도 없는 것 같지만, 그러한 영혼들도 촉각을 통해 인식하는 존재입니다. 단지 비영혼에 해당하는 업의 물질에 압도되어 있기 때문에 잠복된 형태로 인식이 존재할 뿐입니다. (유기쁨, 2013: 68)

이처럼 이 세계는 나를, 나의 행동을 느끼는 수많은 살아있는 존재들로 가득 차 있다는 것이 자이나교인들의 생각이다. 세계의 살아있음에 대한 자이나교의 섬세한 감수성은 놀랄 만하며, 다른 존재의 고통을 피하기 위한 그들의 조심스러운 배려와 관심은 경이로울 지경이다.

생태적 위기의 시대에 우리는 인간 이외의 다른 생명에 대해, 살아있음의 의미에 대해 좀더 섬세한 감수성을 가질 필요가 있다. 조안 말루프는 "우리는 달나라에 가는 세상에 살고 있지만 아직도 우리의 뒷마당에서 무슨 일이 일어나고 있는지는 모르고 있다"(말루프, 2005: 94)고 말했다. 그렇다. 우리는 곳곳에서 일부러 생명을 찾아보는 노력을 기울일 필요가 있다. 현대문명의 그늘 속에서 우리는 무수히 많은 살아있는 존재들을 발견할 수 있을 것이다. 이것은 새로운 세계다. 없었던 세계가 생겨난다는 게 아니다. 내가 세계를 향해, 살아있는 다른 존재들을 향해 새롭게 열리는 경험인 것이다.

• • • •

'이해할 수 없는' 존재들과 공존하기

자이나교인들이야 동물은 물론이고 식물까지도, 나아가 대지와 대기와 강과 바다까지도 영혼을 지니고 있고 살아있으며 고통을 느낄 수 있으니 그들을 상하게 하지 않도록 최대한의 노력을 기울여야 한다고 하겠지만, 그러한 그들의 믿음이 우리와는 무슨 상관일까? 사실 동물은 논외로 하더라도, 식물이 고통을 느낄 수 있는지 없는지 우리는 알 수 없다. 다른 존재의 영혼에 대해서는 말할 것도 없고, 다른 존재의 고통에 대해서도 우리는 거의 알지 못한다. 하나의 고통은 결코 또 다른 고통과 동일하지 않다. 모든 존재는 저마다 특별하듯이, 모든 고통도 저마다 특수하다. 마치 장자에 나오는 물고기 이야기처럼, 다른 존재가 어떤 느낌을 가지는지 우리는 거의 알수 없다. 인간이 만들지 않은 자연, 자연 내 다른 동식물 생명체들은 사실 인간이 알 수 없는 '타자'다.

그런데 이처럼 알 수 없고 이해할 수 없는 존재들과 함께 지구상에서 살아가는 것이야말로 우리 인간의 가장 기본적인 삶의 조건임을 우리는 새삼스럽게 기억해야 한다.

'우리는 지구위에서 누구와 함께 살아갈 것인지를 선택할 수 없다'는 것은 유대인 철학자 한나 아렌트나 주디스 버틀러의 기본 생각이기도 했다. 주디스 버틀러는 "유대교는 시오니즘인가?"라는 제목의 강연에서 이 점에 초점을 두고 아렌트의 사상을 해석한 바 있다. 간단히 그 내용을 살펴보자. 유대인들을 참혹하게 탄압했던 아이히만으로 대표되는 나치 간부들은 지상에서 누구와 함께 살 것인지를 선택할 수 있다고 생각했기에 그러한 대학살을 감행할 수 있었다. 지구상에서는 다양한 인간들이 서로 뒤섞여서 살아가는 것이 사회생활과 정치생활의 필연적 조건이라는 사실을 인정하지 않았던 것이다. 그러나 아렌트는 우리 가운데 누구도 누구와 공존할 것인지를 선택할 위치에 있어서는 안 되며, 우리가 지구상에서 함께 살아갈 자들은 우리가 선택하기 이전에 주어지는 것이라고 단호히 이야기한다. 이에 공감하면서, 주디스 버틀러는 "우리는 결코 우리가 선택하지 않았으며 사회적 소속감을 느끼지도 않는 자들과 함께 살아갈 뿐 아니라, 그들의 생명과 […] 다양성(plurality)을 보존할 의무가 있다"(Butler, 2011: 84)고 말한다.

버틀러는 유대인과 팔레스타인 사람들 사이의 끝없는 분쟁을 염두에 두고서 '이해할 수 없는 타자와의 평화로운 공존의 필요성을 역설한 것이지만, 우리는 이 말을 좀더 확장해서 읽을 수 있을 것 같다. 곧 생태계 내 다른 존재들과 관련해서도, 비록 그들을 이해할 수 없더라도 평화롭게 공존하기 위한 노력을 해야 한다는 것이다.

다른 존재에게 고통을 주지 않고 평화롭게 공존하기 위해서는, 스스로의 '힘'을 예민하게 인식하는 일이 중요하다. 나는 대학에서 수업을 진행할 때, 종종 학기 초에 설문지를 돌린다. 그 가운데 한 항목은 자신이 지닌 '권력', '힘'에 대해서 살피는 것인데, 상당수의 학생들은 자신의 '힘없음'을 역설하면서 스스로를 권력의 희생양, 늘 당하는 위치에 있는 사람으로만 여긴다. 물론 등록금을 마련하느라 허리가 휘고, 대학 졸업 후의 미래도 불투명한 가운데, 많은 학생들이 힘없는 약자의 위치에 있는 것은 사실이다. 그런데 앞서 살펴본 자이나교의 경우에는, 이들은 머리카락도 옷도 아무것도 지닌 것 없이 벌거벗고 털채만 들고 다니면서도 자신이 지닌 힘에 대해, 권력에 대해 예민하게 의식하는 것을 볼 수 있다. 내가 약하고 가진 것 없는 존재이지만, 그럼에도 무심결에 나보다 약한 다른 존재에게 고통을 입힐 수 있기 때문이다. 그렇게 자신의 힘을 예민하게 인식하고 주의하는 것, 스스로의 권력에 대해, (내가 당하는 것 뿐 아니라 내가 저지르는) 폭력에 대해 민감하게 성찰하고 주의하는 것, 그것이 생태적 위기의 시대를 살아가는 우리에게도 시사하는 바가 있지 않을까.

처음부터 우리는 우리가 결코 알지 못했고 선택하지도 않았던 낯선 자들과 결합되어 있다. 만약 우리가 이러한 종류의 존재론적 조

건을 받아들인다면, 타자를 파괴하는 것은 내 생명을 파괴하는 일이 된다. (Butler, 2011: 88)

• • • •

개발, 휘몰아치는 광풍

평화로운 공존이란 당면과제와 연관해서 특히 짚어보고 싶은 것은 생태환경을 집약적으로 파괴하면서 급속도로 진행되는 '개발'의 문제다. 지구 곳곳에서 이루어지는 상당수 '개발'은 생태계의 다른 생명들에게 고통을 줄 뿐 아니라, 해당 지역에서 살아가는 사람들에게도 큰 고통을 주고 있다. 가까이 한국사회에서도 지역 생태계에 지대한 변형을 일으킬 대규모 개발사업이 도처에서 진행되고 있다.

한국사회의 근대화 과정을 학자들은 '경제성장 일변도의 압축적 근대화'라고 지적한다. 한국사회의 '근대화'를 상징적으로 보여주는 단어가 몇 가지 있는데, 가령 '개발독재'라는 말이 있다. 한국사회에서는 경제성장이 최우선의 가치가 되면서 이윤을 얻기 위한 각종 개발사업이 대규모로 진행되었는데, 이때 개발이 생태환경(그리고 거기서 살아가는 살아있는 존재들)에 미치는 영향은 거의 고려되지 않았다. 그럴 여유가 없었다. 개발의 '공적인 가치'에 대한 고려도 당연히 주요 관심사에서 멀어졌다. 지역생태계를 크게 변형시키고 파괴하는 대규모 개발사업의 경우, 일단 개발사업이 착수되면 그 영향과 파급력이 굉장히 크고 넓게 미친다는 점에서 매우 신중하게 진행될 필요가 있다. 그런데 문제는 경제성장, 경제적 이익이라는 목적을 위해 무분별하게, 일방적으로, 급하게 대규모 개발이 진행된 사례가 많고, 오늘날에도 그러하다는 점이다.

경제적 이익이 언제나 최우선시 된다. 개발은 마치 속도전처럼 진행된다. 그러니 개발을 기획할 때 지속가능한 미래를 지향하면서 철저한 환경영향평가를 거쳐 살아있는 수많은 생명체를 배려한다거나, 개발이 지역민, 시민사회와의 충분한 소통 과정을 거치면서 진행된다는 것은 거의 불가능한 꿈에 가깝다. 엄청난 규모로 진행되는 수많은 개발사업들은 국가의 주도하에 이른바 '공익'을 위한다는 명목으로 '공'권력의 통제 아래 일방적으로 추진되어 왔다. 사전을 보면, 공권력이란 "국가나 공공단체가 국민에 대하여 우월한 의사주체로서 명령·강제하는 권력을 말하며, 그러한 권력을 행사하는 국가 그 자체를 의미하는 경우도 있다."고 한다. 어떤 경우든, 공권력이란 단어 자체는 '우월한 주체가 일방적으로 강제하는 권력'을 의미한다. 그리고 우월한 권력이 평범한 사람들의 삶속에 파고 들어서 그들의 뿌리를 뽑아내는 과정은 언제나 폭력적일 수밖에 없다.

편안한 집, 익숙한 일, 어려서부터 알고 지낸 이웃들, 친근한 말투, 추억이 깃든 거리, 시내를 흐르는 강과 도시를 둘러싼 산, 거기에 부는 바람, 반사되는 빛……'뿌리'란 그 모두를 가리킨다. 인간다운 삶에 둘도 없이 소중한 것들이다. 생각해보라. 보통 사람에게 그 '뿌리'를 스스로 뽑아내는 것이 얼마나 어려운지. 하지만 재앙은 거기로 밀어닥쳤다.(서경식, 2006: 48)

개발 과정에서, 정작 개발로 인한 일차적 영향을 받게 될 개발지역의 주민들은 소통보다는 '공'권력의 결정을 따라서 삶터를 버리고 떠나거나 삶터의 변형에 동의해야 하는 입장에 서게 된다. 사실 오늘날 대도시에 사는 사람들의 경우에는 거주지를 자주 옮기는 일이 낯설지 않다. 거주지는 이미 동네에 따라, 아파트 브랜드와 평수에 따라 계량화되어 있고, 도시사람들은 경제력에 따라 화폐를 지불하고 이곳에서 저곳으로 쉽게 이주한다. 대도시의 이삿짐센터는 늘 일손이 딸린다.

그렇지만 개발광풍이 밀어닥쳐서 갑작스럽게 이주해야 할 주민들의 경우에는 대부분 상황이 전혀 다르다. 개발예정 부지들은 대체로 이른바 '자연'에 가까운 지역이며, 그곳의 주민들은 주위의 생태환경과 밀접한 관계를 맺으면서 오랜 세월 동안 삶을 영위해왔다. 그들에게 삶의 터전을 옮기는 문제는 그렇게 간단하지 않다. 주민들은 개발로 파괴 내지는 변형될 강, 산, 숲, 갯벌 등의 생태환경과 상호작용하면서 살아왔고, 그러한 생태환경에는 주민들의 과거, 현재, 미래가 담겨 있기 때문이다. 하지만 개발의 문제를 연구한 홍성태 박사의 말대로, 전국 각지의 개발현장에서 주민들은, "어느 날 갑자기 조상 대대로 살던 고향에서 떠나라는 명령을 받고 고향을 떠나야" 했고, "어쩔 수 없이 고향을 등져야 했던 사람들은 화병을 앓다가 죽거나 아예 참지 못하고 자살"하기도 했다(홍성태, 2007: 83). 일방적 개발 과정 속에서 소통에서 배제된 채 삶터로부터 강제로 떠나게 된 사람들은 자신의 존재의의를 의심하면서 삶의 의미에 회의를 품게 되는 일이 종종 일어난다. 사이토 준이치가 『민주적 공공성: 하버마스와 아렌트를 넘어서』에서 지적하듯이, "사회 현상에 대한 풀 길 없는 불만과 울분을 가지고 있으면서도 어떤 방향으로 사회를 바로 세워야 할 것인지에 대해 시간을 가지고 생각하고 논의하는 조건이 희박해진 것"(사이토 준이치, 2009: 6)이 개발을 둘러싼 대부분의 상황이었다.

국가주도의 대규모 개발만이 문제인 것은 아니다. 개발광풍은 도처에서 불어 닥치면서 크고 작은 막무가내식 개발을 고무하면서 대한민국을 '개발공화국'화(化) 하고 있는데, 그 저변에는 자본을 증식하려는 욕망이 도사리고 있다. 오늘날의 세상이 돌아가는 모양을 보면, 국가든 기업이든, 심지어는 종교까지도 성장일변도의 개발광풍에서 거리를 두기가 힘든 것처럼 보인다. 종교의 경우, 종교기관이 자본주의의 시장논리에 무비판적으로 편승할 때 그러한 현상은 더욱 두드러진다. 가만히 살펴보면, 종교기관이 성장과 이윤을 추구하면서 이른바 세상의 물질을 종교 안으로 끌어들일 때, 관련된 종교인들은 이를 정당화하기 위해 물질의 축적 자체를 신이 내린 복이라고 정당화하는 모습을 보인다. 또한 종교가 세상과 분리되어 초월적인 성스러움의 영역에 머무르는 양 하면서도, 오히려 성스러움을 확장한다는 명목으로 세상의 지배적 논리에 따라 성장 및 개발을 스스로 추진하고 또 추인하게 되는 상황에 이르게 되었다.

특히 2000년대 이후 종교공간(성소) 자체를 막대한 자본을 들여 대형화하고 고급화하는 경향이 나타나고 있는데, 거대하고 비대한 섬과 같은 이러한 종교공간은 자체로 환경 악화의 원인이 되고 있다. 생태환경을 고려하지 않고 엄청나게 대형으로 건축되었으며 운영되고 있는 비대교회, 비대사찰 등은 일부 종교가 물질에 성스러움을 부여하는 이중적인 방식을 잘 드러내면서, 오히려 시민사회의 염려의 대상이 되고 있다.

· · · ·

대안적/대항적 생태공공성의 형성

이러한 상황에서, 나는 우리 사회에서 "생태 공공성"의 개념을 새롭게 정립할 필요가 있다고 제안한다. 사전적으로 공공성은 "한 개인이나 단체가 아닌 일반 사회 구성원 전체에 두루 관련되는 성질"로 정의되지만, 현실적으로 공공성은 의미의 외연이 상당히 넓은 용어로서 광범위하게 사용되고 있다. 여러 학자들의 논의를 참조해볼 때, 공공성의 주요 특성으로 '모두와 관련된다'는 공동성, 그리고 모두에게 열려있다는 '공개성' 두 가지를 꼽을 수 있을 것 같다. 모두와 관련된 사안에 대해 함께 소통(참여)하며 해결의 길을 찾는 것. 그러한 것을 공공성이라 지칭할 수 있을 것이다. 그 점을 염두에 두고, 생태 공공성(公共性)을 논할 수 있는 가능성을 생각해보자.

먼저 인간으로서 우리의 조건을 돌아보자. 사람들은 다 다르다. 사람들은 저마다 자기만의 고유한 이야기를 갖고 있다. 한 사람 한 사람은 다른 누구로도 대체할 수 없는 고유한 가치를 지니며, 그래서 너무나 소중하다. 그런데 그토록 서로 다른 사람들 모두에게 공통된 조건이 있다. 그것은 우리가 지구라는 공통의 장소에서 살아가고 있다는 점이다. 이것은 우리가 선택할 수도 없고 바꿀 수도 없는, 이미 주어진 불변의 조건이다. 지구의 공기, 물, 땅, 숲 등은 단지 인간 뿐 아니라 지구상 모든 생명체의 생존과 연관된 문제다. 그러한 의미에서 생태환경 자체가 모두와 관련되는 '공(公)적' 성격을 지니는 것이다. 그러니 생태환경에 영향을 미칠 수 있는 사안에 대해서는, 개인과 사회가 함께 논의하고 소통에 참여하며 공개적으로 결정하는 '공(共)적' 접근이 필요하다. 이때 구체적인 생태적 사안에 대해 소통하고 참여할 수 있도록 장(장소)을 마련하는 것이 필수적이다.

그런데 단지 모두가 연관된 문제에 대해서 많은 사람들이 모여서 함께 논의하고 공개적으로 결정한다고 해서 생태 공공성의 요건이 충족되는 것일까? 오늘날처럼 돈이 위력을 발휘하는 세상에서, 가령 개발예정부지의 주민들이 개발업체로부터 보상금을 받고서 생태환경에 막대한 영향을 미치는 개발에 찬성하는 경우가 없을 수 없다. 실제로 생태파괴적인 개발을 추진하는 세력들이 종종 취하는 전략이 보상금을 통한 주민 회유라고 한다. 그러니 우리는 생태 공공성과 관련해서 필수적인 또 다른 요건을 생각하게 된다. 생태 공공성은 공공선, 곧 지속가능한 미래에 대한 지향과 결합되지 않을 수 없는 것이다.

우리가 생태 공공성을 현실 속에서 실현하기 위해서는, 먼저 우리의 생태환경이 공공적인 것임을 인식하는 가운데, 생태환경에 영향을 미칠 수 있는 각종 사안들에 대해서 공개적으로 소통하면서 지속가능한 미래를 위해 최선의 길을 찾으려 함께 노력해야 한다. 쉽지 않은 일이다. 그렇지만 생태문제는 단지 어떤 사건이 일어난 해당 지역민들 뿐 아니라 많은 사람들(및 생명들)과 연관되고 그들의 삶에 영향을 미치는 문제로서, 공공성이 특히 강조되어야 하는 영역에 해당된다. 논쟁하고 합의하는 다양한 과정을 거쳐서 가장 공공선에 가까운 방향을 모색하는 일이 중요하기 때문에, 생태문제에 있어서는 국가나 정부가 공공성을 담보하는 유일한 주체일 수는 없다.

이러한 노력을 경주할 때, 우리가 무엇보다도 관심을 기울여야 할 것은 '배제되는 사람들(나아가 생명들)'의 목소리일 것이다. 버틀러는, 오늘날 공적인 정치 영역에서 보이는 영역, 들리는 영역의 통제가 핵심적으로 중요한 문제임을 지적하였다(Butler, 2011: 75). 공적인 정치 영역은 실은 특정한 목적을 위해 일정한 타자의 모습과 목소리를 물밑으로 가라앉혀서 사회적으로 보이지 않고 들리지 않게 하려는 시도가 다각도에서 치밀하게 구체화되는 영역이기도 하다.

사실 사회적으로 쟁점이 되는 사안이 있을 때, 우리는 줄곧 '내가 이 사람들의 이야기를 들어야할까, 말아야할까?' 하고 스스로 되묻곤 한다. 그렇지만, 내 목소리 역시 공적 영역에서 경청될 수도 있지만 배제되거나 오해될 수 있다는 사실을 생각할 때, 배제된 목소리를 적극적으로 들으려는 노력, 나아가 무엇이 배제를 만드는지 그 구조를 살피는 노력이 필요하지 않을까.

최근 들어 눈에 띄는 변화가 일어나고 있다. 과거에는 개발로 인해 삶터가 훼손되거나 그곳을 떠나야 하는 주민들이 논의와 소통 과정에서 배제되더라도 대체로 운명이나 팔자소관으로 여기고 각 개인이 그러한 피해를 고스란히 감수했다면, 오늘날에는 그러한 개발의 '공공성'을 인정할 수 없는 주민들이 저항하는 사례들이 늘어나면서, 일종의 흐름을 만들어내고 있다. 흩어져 있던 개인들이 모여서 이야기를 나누기 시작한 것이다. 인류학자 마이클 잭슨의 말이 기억난다. 그는 이야기를 나누는 것이 "사적인 의미를 공적인 의미로 전환시키기 위한 전략"이 된다고 했다(Jackson, 2002: 14-15). 곧 인간이 힘을 빼앗기는 상황에 직면했을 때, 자신의 이야기를 서로 나누는 것은 스스로의 주체감을 지속시키는 중요한 방법이 된다. 개발지역 곳곳에서 지역민들, 그리고 지역생태계보전을 중시하는 시민들이 모여서 개발에 대한 각자의 경험과 생각을 서로 이야기한다는 것은 더 이상 그 사건을 수동적으로 살지 않으며, 능동적으로 그 사건에 참여한 다는 것을 의미한다.

국가나 대기업 주도의 개발사업이 지역생태계를 급속도 파괴하는데 맞서서 지역민들이 저항하고 반발하는 것은 비단 한국사회 뿐 아니라 세계 곳곳에서 일어나는 전 지구적인 현상이다. 이처럼 개발에 반대해서 세계 도처에서 일어나는 저항적인 생태운동들을 들여다보면, 그 성격이 다양해서 일반화가 어렵지만 그럼에도 일정한 경향성을 발견할 수 있다. 곧 인간의 생계와 건강에 대한 위협이 대중적인 저항적 생태운동의 지구적 출현 및 급성장에 대한 가장 중요한 원인이라는 것이다. 저항적 생태운동은 산업 과정이 일상적 생활 자체를 위협함에 따라, 그리고 사람들이 자신의 안녕이 환경 악화에 의해 위협받는다고 인식함에 따라, 생존을 위한 급박한 요청에서 흔히 생겨난다. 따라서 종교와 환경문제의 관계를 연구한 브론 테일러는 "대부분의 생태 저항은 생계를 지키기 위해서" 발생한다고 말한다 (Taylor, 1995: 335). 한국의 경우도 마찬가지다.

바로 여기서 개발을 둘러싼 갈등의 미묘한 지점이 드러나는 것 같다. 국가가 주도하는 개발은 얼핏 보기에 국가라는 '공적 영역'이 지역민들의 '사적 영역'을 침해하는 모습을 띤다. 대규모 개발이 진행될 때에는 인근의 지역생태환경에 깃들어 살던 사람들의 '사'적 영역, 곧 일상생활이 파괴되는 일이 일어난다. 그렇기에 개발현장에서 일어나는 갈등은 어떻게 보면 '공(의)'과 '사(의)'의 충돌로 보일 수 있다. 개발에 저항하는 움직임들이 종종 지역이기주의, 님비(NIMBY)라는 비판을 받는 것도 그러한 까닭에서다.

그러나 이러한 지역민들의 저항은 외부에서 강제되는 변화에 대한 지역민들의 능동적 대응으로 재평가되어야 하지 않을까? 국가의 '공공정책'이 야기한 지역생태계 파괴에 대한 항의, 국가의 '공공성'에 대한 문제제기, '공공사업'의 '공익성'이 누구를 위한 공익인지에 대한 문제제기가 비로소 주민들을 통해 이루어지게 된 것이다. 게다가 많은 경우, 이러한 생존권의 문제에서 시작된 저항이 생태파괴적 개발을 추진하는 구조에 대한 성찰과 비판까지 나아가게 된다는 점도 눈여겨보아야 한다. 가령 "송전탑을 따라가다 보니 그 끝에 원전이 있더라."는 말로 종종 회자되듯이, 밀양 주민들의 송전탑 반대운동이 핵발전소의 문제점 및 반생태적 사회시스템 전반에 대한 인식까지 확장되는 사례가 전형적이다.

개발이 '공공성'의 이름으로 무분별하게 이루어지고 있지만, 이에 저항하는 이들은 우리 모두의 생존의 조건인 생태환경에 영향을 미칠 수 있는 개발문제는 공동의, 공개적인 소통의 자리에서 지속가능한 미래를 지향하는 가운데 논의되어야 한다고 주장하고 있는 것이다. 이러한 저항은 '공공성'(공익성)을 정의할 권리를 국가의 독점으로부터 탈환해서, 지역에서부터 '대안적/대항적 생태 공공성'을 제안하려는 시도로서 적극적으로 평가될 필요가 있다.

막무가내식 개발에 저항하는 사람들이 모인 자리는 성장주의와 개발주의의 흐름에 거스르는 생태적 가치를 표상하는 상징적 중심인 동시에 논의와 소통의 공간인 지리적인 '장소'로서, 대안적/대항적 생태 공공성의 새로운 출발점이 될 수 있다. 그리고 이러한 자리에서는 (경제적으로 낙후된 개발예정지역의 가난한 자, 노인, 여성 등을 포함해서) '개발 공공성' 논의에서 배제되어 온 사람들의 의견에 다른 사람들이 귀를 기울여준다는 경험이 가능해진다.

사이토 준이치는 "자기 말이 타자에 의해서 받아들여지고 응답받는다는 경험은 누구에게나 살아가기 위한 가장 기본적인 경험"이며, "자기주장을 실행하고 이의를 제기하기 위해서는 자신이 어떤 장소에서는 긍정되고 있다는 감정이 반드시 있어야 한다."고 말한다(사이토 준이치, 2009: 37). 국가의 공공권이 귀 기울이지 않는 목소리가 저항적 생태운동의 현장에서 경청됨으로써, 그러한 현장이 곧—국가의 공공권에 대항하는— 대안적 공공권을 형성하고 있는 것이다.

국가 주도의 일방적 '개발 공공성'은 무엇이 보이고 들리게 할 것인지에 대한 감각의 제한을 통해서, 그리고 소통의 배제를 통해서 작동하는 가운데, 생태환경은 인간(지역민, 그리고 뭇 생명)이 깃들어서 함께 살아온 삶터라는 우리의 '기억'을 제한한다. 그러나 그러한 배제와 제한을 뚫고 인간의 공존의 조건(나아가 공존의 원칙)을 기억할 필요가 있다. 버틀러는 그것이 (현존하는 것과는) 다른 정치를 상상하는 한 가지 방법이라고 제안한다. 그리고 또한 또 다른 시대에서 온 고통의 기억이 잘못된 방향으로 가는 이 시대의 정치를 중단시키고 새로운 방향을 제시할 수 있다고도 말한다. 버틀러의 표현을 빌리면, "그것은 빛의 형식으로 순간적인 형태를 취하는 기억이다."

> 기억이 그러한 공공 영역으로 뚫고 들어오는 것은 아마 종교가 공적 생활에 들어오는 한 가지 방법 […] 정치를 상상하는 한 가지 방법이 될 수 있을 것이다. […] 이러한 정치는 기억이란 이름으로, 빼앗김[의 현장]에서부터 그리고 빼앗김에 맞서서, 그리고 아직 정의로 불릴 만한 방향을 향해 등장할 것이다.(Butler, 2011: 90)

생태환경의 파괴를 겪고 있는 우리에게 중요한 것은 화폐로 환산될 수 없는, 수치로 환산되어서는 안 되는 뭇 생명의 조건에 대한 기억과 성찰이다. 배제된 자들과 타자의 고통에 연대하는 자들이 모여서 목소리를 내기 시작한 현장에서 우리는 성장주의와 물질주의로 인해 마비된 기억상실의 표면에 균열을 내고 어떤 '기억'을 불러일으킬 수 있을 것이다. 현재로 순간적으로 뚫고 들어오는 '기억'이란 뭇 생명의 조건 및 공존에 관한 기억일 수도 있고, 또한 '다른 (평화와 공존의 이상적) 세상'의 가능성에 대한 기억일 수도 있다. 이러한 기억들이 생태환경의 파괴에 직면한 절망의 상황, 불안의 세계에서 새로운 정치를 상상하기 위한 틈을 만들어낼 수 있는 것이다.

나아가 대안적/대항적 '생태 공공성'을 지키기 위해 애쓰는 사람들의 모습 자체가 이 시대에 새로운 기억을 형성한다. 이것은 단지 '고통의 기억'일 뿐 아니라, 고통 속에서 피어나는 연대와 소통의 기억이며, 순간적으로 명멸하는 해방의 기억이기도 하다.

• • • •

맺는 말: 고통의 시스템을 넘어서

인간이든, 인간 이외 동물이든, 식물이든, 그 누구든 어떤 까닭에선지는 모르겠지만 지구상에서 함께 살아가고 있다. 우리가 지구에서 '함께' 살아간다는 것, 그것은 가장 기본적인 인간의 조건이다. 우리는 그러한 가장 기본적인 인간의 조건에 대한 기억을 점점 잃어가고 있다.

'함께 살아간다'는 것을 잊게 만들고, 함께 살아가는 경험을 잃어버리게 만드는 시스템은 필연적으로 수많은 고통을 양산한다. 그리고 사람들로 하여금 다른 누군가가 경험하는 그러한 고통을 묵인하도록 은연중에 요구하는 동시에, 그렇게 묵인하는 고통이 언제 자신에게 닥쳐올지 모른다는 두려움과 불안에 떨게 만든다.

이러한 상황에서 다른 누군가가 경험하고 있을 고통, 그늘 속에 가려진 고통에 대해서 섬세한 관심을 가진다는 것은 자신이 감내해야 할 고통의 스펙트럼이 엄청나게 넓어진다는 것을 의미한다. 그러면 어떻게 될까? 세상의 더 많은 고통을 발견하면서 그것을 자기 혼자 감당하려고 한다면, 우리는 도저히 삶을 그대로 살아낼 수가 없다. 고통의 과부하에 걸리면 무력감과 절망감의 구렁텅이로 다시금 떨어지게 될 뿐이다. 힘든 문제다. 그것을 어떻게 헤쳐 나가고 극복해나갈 것인가? 뭇 존재의 고통의 무게를 회피하지 않고 함께 짊어지면서도 절망하지 않고 한걸음씩 계속 나아간다는 것은 생태문제에 관심을 가진 사람들 개개인에게 저마다의 중요한 실존적 문제로 대두되고 있다.

'함께' 산다는 것을 자연스럽게 경험하기 어려울 뿐 아니라 방해하고 잊게 하는 시스템 속에서, 우리는 '함께 산다'는 것을 의식적으로 다시 언급하고, '함께 사는' 경험을 할 기회를 일부러 자꾸 만드는 수밖에 없다. 그것이 고통과 불안 속에서 기쁘게 살아가는 길이다. 그 가운데 중요한 과제가 배제되어온 살아있는 존재들의 고통의 기억을 사회화하는 것이다.

고통은 궁극적으로는 개인이 감당하게 되는 경험이지만, 단지 개인의 '업'으로만 돌린다거나, 개인적 차원에서만 접근해서는 안 될 부분이 있다. 특히 현대문명의 시스템이 생태환경을 급속도로 파괴하면서 필연적 결과로 생겨나는 집단적 고통은 개인적 수준으로만 환원되어 흩어질 게 아니라, 사회적으로 기억되어야 할, 사회적 고통으로 되새겨져야 할 부분이다. 그것은 단지 과거의 지나간 일이 아니라, 현재 그리고 미래 세계의 지속가능성의 문제와도 직결되어 있기 때문이다.

핵발전소를 처음 건설할 때, 많은 사람들은 '핵'을 평화적으로 이용할 수 있으리라는 데 큰 기대를 품었다. 한국의 경우에도, 첫 번째 원자로 가동이 시작되던 1960년대에 간행된 문건을 보면, 엄청난 핵에너지를 인간을 위해 이용할 수 있게 만드는 소위 '행복을 위한 기술'에 대한 환호와 장밋빛 기대가 넘쳐났다. 그러나 '핵'의 평화적 이용을 이야기할 때, '핵'으로 인해 직접적인 고통을 겪은 사람들의 목소리는 이전에도 이후에도 철저히 배제되었다.

한국인 원폭피해자들의 구술 증언을 채록한 『고통의 역사: 원폭의 기억과 증언』을 읽어보면, 많은 사람들은 잘 모르고 있지만, 1945년 히로시마와 나가사키에 핵폭탄이 투하되었을 때 그곳에는 징용으로 혹은 생계를 위해 일본으로 건너간 조선인들이 대단히 많았음을 알 수 있다. 위의 책에 따르면 히로시마에는 대략 5만 명, 나가사키에는 대략 2만 명의 조선인이 살고 있었다. 일본을 세계 유일의 피폭국이라고 하지만 실상은 당시 피폭된 사람들 가운데 10% 가량이 조선인이었다고 한다. 그 가운데 4만 명 가량은 사망하고, 3만 명이 생존했으며, 그 가운데 2만 3천 명 정도가 한국으로 돌아왔다. 그렇지만 핵에너지의 가공할 위력을 고통스럽게 체험한 한국인 원폭피해자들은 어디서도 목소리를 낼 수 없었다. 사실상 그들의 존재 자체가 교묘히 은폐되어왔기에, 그들이 겪은 고통은 단지 개개인이 감내해야 할 운명으로 여겨질 수밖에 없었다. 원전 노동자들의 피폭으로 인한 고통 문제나 원전 주변 지역민들의 피폭 문제도 다수의 편의를 핑계로 충분히 고려되지 않았다.

그러나 피폭자들의 고통에 귀 기울이지 않고, 다수의 '행복'을 방패로 삼아 소수의 고통을 은폐하는 것은 오히려 모두의 더 큰 고통으로 귀결되기 십상이다. 핵발전소가 '행복을 위한 기술'이라 했지만, 오히려 공멸을 위한 지름길이 될 수도 있다는 것을 후쿠시마 핵발전소 사고가 뚜렷이 보여주었다.

이는 단지 핵발전소와 관련된 문제에 국한되지 않는다. 지구상에 함께 살아간다는 공존의 '기억'을 잊어버리게 하고 살아있는 존재들을 상품으로 보게 만드는 현대문명의 작동 방식은 일종의 '고통의 시스템'이다. 계속 굴러가기 위해서는 누군가의 고통을 필요로 하되, 누군가 고통을 겪고 있다는 사실 자체에도 눈감게 만드는, 그리고 그러한 과정에서 점점 더 많은 불안과 고통을 양산해내는 고통의 시스템이다.

생태적 위기의 시대를 살아가는 우리는 살아있는 존재들의 고통에 충분히 귀 기울여야 한다. 함께 모여서 배제된 자들이 목소리를 낼 수 있는 자리를 마련해야 한다. 타자에 대한 폭력이 '경제적 이익'이란 명분으로 용인되지 않고, 소수의 고통이 다수의 행복을 위함이라는 명분으로 묵인되지 않도록 살펴야 한다. 이렇게 고통에 충분히 귀 기울이는 것이 고통의 시스템을 넘어서는 첫걸음이 된다.

우리를 인간으로서 하나로 묶는 경험의 핵심은 무엇일까? [⋯] 인
간인 우리를 생산하는 일은 [⋯] 고통을 목격하고 공유하는 데서
시작한다. 또 우리가 무엇이 될 수 있는지 고통을 공유함으로써 배
우고, 이 배운 바에 따라 살아가는 데서 시작한다.(아서 프랭크, 2017:
192-3)

일러두기

'대안적/대항적 생태 공공성의 형성' 절에는, 필자가 쓴 논문인 「생태적 불안사회의 종교:
생태 공공성과 종교의 자리」의 일부를 수정, 보완한 내용이 들어 있다.

참고문헌

로텐버그, 데이비드, 『생각하는 것이 왜 고통스러운가요? - 산 위 오두막의 생태철학자 아
    느 네스와 20세기를 가로질러 나눈 대화』, 박준식 옮김, 낮은산, 2011.
McDargh, John, "Growing up in the Nuclear Age: Psychological Challenges
    and Spiritual Possibilities" in Ira Chernus and Edward Tabor Linenthal eds.,
    A Shuddering Dawn: Religious Studies and the Nuclear Age, Albany: State
    University of New York Press, 1989.
Lifton, Robert J., 「원자폭탄 피폭의 심리적 영향」, 핵전쟁방지국제의사회 엮음, 『핵전쟁
    과 인류: 평화를 위해 싸우는 의사들』, 황상익 옮김, 미래사, 1987.

Rappaport, Roy A., Ritual and Religion in the Making of Humanity, Cambridge University Press, 1999.

강판권, 『어느 인문학자의 나무 세기: 역사와 신화 속에서 걸어 나온 나무들』, 지성사, 2002.

유기쁨, 『생태학적 시선으로 만나는 종교』, 한신대학교출판부, 2013.

유기쁨, 「생태적 불안사회의 종교: 생태 공공성과 종교의 자리」, 『종교문화비평』 26집, 2014.

말루프, 조안, 『나무를 안아보았나요』, 주혜명 역, 아르고스, 2005.

아렌트, 한나, 『인간의 조건』, 이진우, 태정호 옮김, 한길사, 1996.

Butler, Judith, "Is Judaism Zionism?", The Power of Religion in the Public Sphere, Judith Butler···[et al.], New York: Columbia University Press, 2011.

서경식, 『시대의 증언자 쁘리모 레비를 찾아서』, 박광현 옮김, 창비, 2006.

홍성태, 『개발주의를 비판한다: 박정희 체계를 넘어 생태적 복지사회로』, 당대, 2007.

사이토 준이치, 『민주적 공공성 −하버마스와 아렌트를 넘어서』, 윤대석, 류수연, 윤미란 옮김, 도서출판 이음, 2009.

정근식 편, 진주 채록, 『고통의 역사: 원폭의 기억과 증언』, 도서출판 선인, 2005.

프랭크, 아서, 『아픈 몸을 살다』, 메이 옮김, 봄날의 책, 2017.

Jackson, Michael, The Politics of Storytelling: Violence, Transgression and Intersubjectivity, Copenhagen: Museum Tusculanum Press, 2002.

Taylor, Bron, "Popular Ecological Resistance and Radical Environmentalism", Bron Raymond Taylor, ed., Ecological Resistance Movements: The Global Emergence of Radical and Popular Environmentalism, Albany: State University of New York Press. 1995.

안개 넘어 햇빛 있는 데로:
고통과 선(善)의 신비

정경일

과거 세대의 사람들과 우리 사이에는 은밀한 약속이 있는 셈이다. 그렇다면 우리는 이 지상에서 기다려졌던 사람들이다. 그렇다면 우리에게는 우리 이전에 존재했던 모든 세대와 희미한 메시아적 힘이 함께 주어져 있는 것이고, 과거는 이 힘을 요구하고 있는 것이다.

– 발터 벤야민

여는 말: 불안사회

『사회를 말하는 사회』(2014)는 오늘의 한국사회를 표현하는 여러 이름을 나열한다. 위험사회, 과로사회, 피로사회, 허기사회, 탈신뢰사회, 팔꿈치사회, 잉여사회, 분노사회, 승자독식사회, 절벽사회, 분열사회, 격차사회 등등 모두 부정적 의미의 이름이다. 그만큼 한국사회에 문제가 산적해 있고 고통이 과잉되어 있다는 증거다. 여기에 이름을 하나 더 추가하는 것이 미안하고 안타깝지만, 가장 많은 이의 보편적 공감을 얻을 수 있는 우리 사회의 또 하나의 이름은 아마도 '불안사회'일 것이다. 탐욕의 화신인 금융자본이 국경을 '무비자'로 자유롭게 넘나들며 고통을 지구화/지역화(glocalization)하고 있는 오늘의 신자유주의 체제에서는 부자도 가난한 자도, 승자도 패자도, 정규직도 비정규직도, 내부자도 외부자도, 누구 하나 불안하지 않은 사람이 없기 때문이다. 불안 앞에서는 세대차이도 없다. 청소년은 입시불안에, 청년세대는 고용불안·주거불안에, 중장년세대는 실직불안에, 노년세대는 노후불안에 시달리며 살아간다. 한마디로 신자유주의적 인간의 삶은 "요람에서 무덤까지" 불안의 연속이다.

이러한 불안의 보편성을 시각적으로 가장 잘 보여주는 이미지는 '안개'일 것이다. 안개는 기체의 성질과 액체의 성질을 동시에 갖고 있다. 안개는 기체처럼 우리가 있는 모든 곳에 퍼져 있고, 액체처럼 자유롭게 모양을 바꾸며 우리 삶 여기저기로 흘러든다. 그래서 개인적 삶의 불확실성, 사회적 관계의 불안정성, 타자에 대한 불신으로 인한 불안을 안개의 상징으로 묘사하는 영화가 많다. 테오 앙겔로풀로스의 「안개 속의 풍경」, 프랭크 다라본트의 「미스트(The Mist)」, 바딤 페렐만의 「모래와 안개의 집」 등은 현대인의 불안을 은유적으로 보여주는 영화들이다. 당연히 문학에서도 불안을 안개로 표현하는 작품이 많다. 소설가 김승옥의 「무진기행」이나, 「무진기행」을 오마주하면서도 실존적 불안에서 사회적 불안으로 시야를 넓히는 공지영의 『도가니』에는 무겁고 짙은 안개가 자욱하다. 불안 모티프를 안개로 표현하는 시도 적지 않다. 기형도의 시 「안개」(1985)도 그중 하나다.

이 글에서 나는 기형도의 시 「안개」를 지도(地圖) 삼아 신자유주의가 창조한 불안의 지형을 들여다보고, 한강의 소설 『소년이 온다』를 나침반 삼아 신자유주의의 영토로부터 벗어나는 길을 찾아보려고 한다. 이렇게 신자유주의적 불안을 경제학이나 사회학이나 철학 같은 '학문'이 아니라 시와 소설 같은 '문학'을 통해 성찰하려는 이유는 문학이 인간의 가장 보편적 감정인 불안을 공감적으로 이해하고 표현하는 데 적합하다고 믿기 때문이다. 물론, 문학을 철학적 사유에 적극적으로 활용하면서도 "문학적 상상력은 공적 합리성의 한 부분이지만, 그 전체는 아니"라는 마사 누스바움의 냉철한 지적을 놓치지 않을 것이다.(누스바움, 15) 그는 "우리가 문학적 경험에 근거하여 내리는 결론들은 도덕적·정치적 사유, 우리 자신의 도덕적·정치적 직관, 타인의 판단 등에 근거하여 지속적인 비판과 검토가 필요하다."고 주장한다.(누스바움, 166) 이 글에서는 지그문트 바우만과 최정운의 사회학적 사유가 그 "비판과 검토"를 도울 것이다. 먼저 기형도의 안내로 안개의 도시로 들어가 보자.

• • • •

신자유주의의 이념: 경쟁주의와 개인주의

1985년 1월 1일, 『동아일보』는 신춘문예 시 부문 당선작으로 기형도의 시 「안개」를 선정 발표했다. 그런데 같은 신문의 다른 면에는 신자유주의 시장경제이론의 대표적 사상가인 프리드리히 아우구스트 폰 하이에크의 특별인터뷰 기사가 게재되어 있었다. 제목은 「資本主義는 市場經濟가 生命: 經濟學의 權威 하이에크 敎授 특별인터뷰」였다. 그 인터뷰에서 하이에크는 이렇게 말한다.

1950년대와 70년대 사이 20년 이상 사람들은 나의 존재를 잊고 나의 사상에 주의를 기울이지 않았지요. 케인즈가 군림하고 있었습니다. 근년에 와서야 사람들은 사회주의와 케인즈에 실망하고 다시 나를 찾고 있지요. 아마 내가 젊어서 사망했거나 평균수명밖에 살지 못했더라면 나와 나의 사상은 완전히 잊혔을 겁니다. **다행히** 내가 오래 살아서 나이 86세에 사람들이 나를 재발견했습니다. 미국은 물론 영국, 서독, 프랑스에서까지 나의 이론을 지지하고. 나의 사상을 따르는 사람들이 많습니다. (『동아일보』, 1985.1.1.: 17면, 강조는 필자)

실제로 당시 영국에서는 마거릿 대처가 미국에서는 로널드 레이건이 신자유주의 이념을 폭력적으로 제도화, 정책화 하고 있었다. (흥미롭게도 같은 날자 『동아일보』는 정치시사만화가 래년 루리의 작품 「'85세계'의 선장들」을 싣고 있는데, 레이건이 세계경제호의 최선두에 앉아 있고 배 중앙에 대처가 협력하듯 그를 바라보고 있다.) 이 시기는 국가의 시장개입과 공공성을 긍정한 케인즈 경제학이 수세에 몰리고, 시장의 자유를 강조하는 하이에크의 신자유주의가 대안으로 부상하면서 본격적인 세계화를 준비하고 있던 때였다. 그런 신자유주의의 확산이 86살 노년의 경제학자 하이에크에게는 커다란 "다행"이었는지 모르지만, 몇 년 후 "젊어서 사망"한 26살 청년 시인 기형도에게는 오히려 커다란 불행으로 예지(睿知)되었던 것일까. 그의 시 「안개」에는 마치 오늘의 신자유주의적 불안사회를 예언하는 듯한 예리한 통찰들이 들어있다.

안개에 익숙하지 않은 사람들은
처음 얼마 동안 보행의 경계심을 늦추는 법이 없지만,
곧 남들처럼 안개 속을 이리저리 뚫고 다닌다.

습관이란 참으로 편리한 것이다.

쉽게 안개와 식구가 되고

멀리 송전탑이 희미한 동체를 드러낼 때까지

그들은 미친 듯이 흘러 다닌다.

　　　　　　　　　　　　　　　　　　　　　　　　－「안개」 중에서

　우리는 신자유주의 체제를 처음 얼마 동안은 의심하고 경계했지만, 곧 그 체제에 익숙해졌고, 습관을 들였고, 결국 신자유주의 체제와 한 식구가 되었다. 그리고 사회구조만이 아니라 우리의 정신에까지 스며들어 비판적 사유 능력을 마비시킨 신자유주의의 안개 속을 미친 듯이 흘러 다니며 살아가고 있다. 이렇게 신자유주의적 삶을 습관처럼, 식구처럼 받아들이게 된 데는 두 가지 핵심 이념의 안개처럼 은밀한 작용이 있었다. '경쟁주의'와 '개인주의'가 그것이다.

"사회가 구원해주기를 바라지 말라"

　신자유주의 사회에서 경쟁은 선택할 수 있는 삶의 한 방식이 아니라 전적 믿음과 헌신을 강요하는 이념이다. 경쟁주의 이념을 수용하여 내면화한 사람들은 인간사회에서 경쟁은 필연적이며 오직 경쟁에서 이기는 자만 생존할 수 있다고 믿는다. 그래서 경쟁주의의 다른 이름은 생존주의다. 생존을 최우선적 가치로 삼는 이념은 생존을 위해 저지르는 모든 행위를 정당화한다. 생존하려면 앞서 가는 사람은 따라잡아야 하고, 옆에 있는 사람은 밀쳐야 하고, 뒤처진 사람은 따돌려야 한다는 것이다.

이런 신자유주의적 삶은 시비이벌 게임과 흡사하다. 2000년대 초 미국 CBS의 리얼리티 게임 쇼 〈서바이버(Survivor, "생존자")〉가 세계적 인기를 끌었다. 쇼의 형식은 무인도에 조난당한 사람들이 서로 생존하기 위해 부족을 나누어 경쟁하다, 마지막에 "유일한 생존자(sole survivor)"로 남는 단 한 사람이 우승하는 것이다. 경쟁 방식의 쇼는 이전에도 많았지만, 〈서바이버〉의 새로움은 전통적 청백전 식의 집단 대결 게임이나 최고의 실력자를 뽑는 개인 기록 게임과 달리, 매 회마다 투표를 통해 '탈락자'를 정하는 경쟁 방식을 도입한 데 있었다. 더 정확히 말하면, 공정한 실력 경쟁과도 무관한, 말 그대로 생존하기 위해 수단과 방법을 가리지 않는 무한경쟁 방식이었다. 경쟁자들은 남은 탈락시키고 자신은 탈락하지 않기 위해 일시적으로 동맹하고 지속적으로 배신한다. '리얼리티 쇼'인 〈서바이버〉가 그토록 큰 인기를 끈 비결은 그것이 우리가 살고 있는 오늘의 신자유주의 세상을 '리얼'하게 보여주었기 때문인지도 모른다. 에이프릴 로스는 〈서바이버〉를 '리얼리티 TV' 쇼로 분류하는 것은, 그것이 실제로 일어난 사건의 기록이라고 믿게 할 뿐만 아니라, 생존을 위해 경쟁자들이 행하는 협잡, 속임수, 기만, 배신을 현대의 도덕, 신념, 가치의 표현으로 믿게 한다고 분석한다. (Roth, 35) '리얼리티 쇼'와 '리얼 라이프'의 게임 규칙은 동일하게 비정하다. "네가 생존하려면 남을 탈락시켜라!"

물론 리얼리티 '쇼'에는 예능적 웃음의 코드가 들어있다. 하지만 그 웃음의 성격은 가학적이다. 시청자들은 홀로 살아남기 위해 다른 경쟁자를 속이고 배신하는 출연자를 보며 폭소하고, 실책하여 벌칙을 받거나 탈락하는 출연자를 보며 냉소한다. 상황의 희화화(戲畵化)는 정당화의 효과적 방법이다. 시청자들은 리얼리티 TV 쇼를 보고 폭소하거나 냉소하면서, 자신들의 실제 삶에서 똑같이 혹은 더 그악스레 경쟁하며 살아가고 있는 것에 대한 문제의식과 죄의식을 떨쳐 버리는 것이다. '리얼리티 쇼'에서 웃음을 빼면 그대로 '리얼 라이프'다. 실제 비정한 생존 경쟁의 삶에서는 웃을 여유가 없다. 쇼와 달리 현실에는 탈락자를 위한 '구원의 섬(Redemption Island)'이 없다. 그래서 신자유주의 사회에서는 이기는 자도 지는 자도 모두 불안하다. 승자는 계속 이길 수 없을 거라는 생각에 불안하고 패자는 한 번 져서 탈락하면 끝장이라는 생각에 불안하다. "유일한 생존자"로 남을 때까지 계속되는 리얼리티 게임 쇼처럼 신자유주의 생존게임은 끝없이 계속되고, 그럴수록 '게이머들'은 소모되고 소진된다.

신자유주의의 두 번째 이념인 개인주의는 첫 번째 이념인 경쟁주의/생존주의와 한 동전의 양면처럼 붙어 있다. 그것은 남이야 어찌 되든 상관 말고 자기 살 길이나 찾으라는 것이다. 이런 개인주의 이념에는 사회에 대한 근본적 비관이 들어 있다. 자신이나 누군가 곤경에 처할 때 아무도 손 내밀어 도와주지 않을 거라는 비관이다. 이와 같은 신자유주의적 개인주의의 기본 신조는 지그문트 바우만이 말한 것처럼, "더 이상 사회가 구원해주기를 바라지 말라."(바우만, 2013: 15)는 것이다. 그래서 신자유주의의 식구가 된 사람들은 사회적 고통을 개인적으로 해결하는 것을 당연시한다. 성공도 실패도, 부도 가난도, 행복도 불행도 모두 개인 책임이라는 것이다. 기형도는 그런 개인주의의 비정함과 비참함을 다음과 같이 묘사한다.

> 몇 가지 사소한 사건도 있었다.
> 한밤중에 여직공 하나가 겁탈 당했다.
> 기숙사와 가까운 곳이었으나 그녀의 입이 막히자
> 그것으로 끝이었다. 지난겨울엔
> 방죽 위에서 취객(醉客) 하나가 얼어 죽었다.
> 바로 곁을 지난 삼륜차는 그것이
> 쓰레기 더미인 줄 알았다고 했다. 그러나 그것은
> 개인적인 불행일 뿐, 안개의 탓은 아니다.
>
> ─「안개」 중에서

자신의 생존을 다투느라 여력이 없는 사람들에게는 생존에 실패하거나 생존을 위협당하는 남을 배려할 여념이 없다. 그래서 겁탈 당한 여성 노동자의 고통도, 길에서 얼어 죽은 홈리스의 비참도, 생존 경쟁에서 실패한 그들의 개인적 책임이지 남이나 사회가 나서서 책임질 일이 아니라고 여긴다.

고통의 감수성은 시간의 경계를 넘어 공유된다. 삼십여 년 전 한국의 시인 기형도는 얼어 죽은 취객을 "쓰레기 더미"로 알았다는 삼륜차 운전사의 말을 뉴스 리포트처럼 전하며 시대의 잔인성을 더 적나라하게 폭로했는데, 그로부터 이십여 년이 지나 '대처주의(Thatcherism)'의 상흔이 깊게 남아 있는 영국에서 사회학자 바우만이 마치 기형도의 시에 "도덕적·정치적 사유"를 입혀 응답하듯이 『쓰레기가 되는 삶들(Wasted Lives)』(2004)을 썼다. 바우만이 이 책에서 말하는 요지는, 오늘의 신자유주의 사회는 '쓰레기들'(잉여인간)을 폭력적으로 분리하고 배제하고 폐기함으로써 유지된다는 것이다.

'잉여'는 '불합격품', '불량품', '폐기물', '찌꺼기' —와 그리고 쓰레기—와 의미론상의 공간을 공유하고 있다. '실업자', '노동 예비군'의 목적지는 다시 노동 현장으로 돌아가는 것이었다. 그러나 쓰레기의 목적지는 쓰레기장, 쓰레기 더미이다.(바우만, 2008: 32)

즉 신자유주의 체제에 쓸모 있는 자는 살아남고, 필요 없거나 소용없는 자는 쓰레기로 버려진다는 것이다. 신자유주의 체제는 "쓰레기 더미"를 부양할 책임을 인정하지도 수행하지도 않는다. 그러니 쓰레기로 분류되고 분리되어 폐기되는 "개인적인 불행"을 겪지 않으려면 〈서바이버〉가 가르쳐주는 것처럼 남과 경쟁하여 이겨야 하고 남의 고통에 무관심해야 한다. 바우만은 〈서바이버〉 같은 '리얼리티

TV' 프로그램이 전하는 이야기는 "생존은 인간이 집단을 이루면 벌일 수밖에 없는 게임의 이름"이며, 이 게임에서는 "몇몇 고독한 승리자들을 제외하면 진성으로 필수불가결한 사람은 없으며, 인간은 타인에게 이용될 수 있는 동안만 타인에게 유용하며", 그런 이용 방식에 맞지 않는 사람들, "배제된 자들의 궁극적 목적지"는 "쓰레기통"이라는 것이라고 한다.(바우만, 2008: 240) 사회학자 페르디난트 퇴니스의 고전적 개념을 빌려 말하면, 오늘의 신자유주의적 생존게임에서는 서로 돌보는 "공동사회(Gemeinschaft)"는 사라지고 서로 이용하려고만 하는 개인들의 "이익사회(Gesellschaft)"만 남는다.

> 이 읍에 와본 사람은 누구나
> 거대한 안개의 강을 거쳐야 한다.
> 앞서간 일행들이 천천히 지워질 때까지
> 쓸쓸한 가축들처럼 그들은
> 그 긴 방죽 위에 서 있어야 한다.
> 문득 저 홀로 안개의 빈 구멍 속에
> 갇혀 있음을 느끼고 경악할 때까지.
>
> ─「안개」 중에서

신자유주의 체제에서 개인들은 잉여가 되지 않으려고, 탈락자가 되지 않으려고 발버둥치지만, 그럴수록 인간성을 상실한 채 "쓸쓸한

가축들처럼" 살아갈 뿐이다. 안개는 탈락자만이 아니라 생존자의 인
간성도 지워버리는 것이다. 그러다 문득 "안개의 빈 구멍" 같은 체제
의 속박을 깨닫고 "경악"할 때도 있지만, 곧 어쩔 수 없다고 체념하며
다시 안개의 규칙을 따라 불안한 생존 게임을 계속하며 살아간다.

> 누구나 조금씩은 안개의 주식을 갖고 있다.
> 여공들의 얼굴은 희고 아름다우며
> 아이들은 무럭무럭 자라 모두들 공장으로 간다.
>
> ─「안개」 중에서

　　신자유주의가 드리운 불안의 안개 속에서 고통스러워하면서도 우
리가 신자유주의의 '바깥' 혹은 '다음'을 상상하지 못하거나 않는 것
은, 우리 자신이 "안개의 주식"을 조금씩 갖고 있는 '주주'이기 때문
이다. 그래서 우리는 신자유주의 체제로 인해 불안해 하면서도 오히
려 신자유주의의 주식을 더 사 모으려고 한다. 하지만 "안개의 주식"
을 얼마나 소유하고 있어야 불안 없이 살 수 있을까?

불안의 저울 위의 '70만 원'과 '7억 원'

　　라이너 베르너 파스빈더의 영화 제목「불안은 영혼을 잠식한다」처
럼, 신자유주의 체제의 불안은 서서히 우리의 영혼을 먹어치우고 끝
내 우리의 전부를 집어삼킨다. 몇 년 전 그런 신자유주의적 불안의

파괴성을 비극적으로 보여준 두 사건이 있었다. '송파 세 모녀'의 죽음과 '서초 세 모녀'의 죽음이다. 그들의 죽음은 "안개의 주식"을 얼마나 소유하고 있는가는 신자유주의적 삶의 불안을 없애는 데 결정적 요소가 아니라는 사실을 보여준다.

2014년 2월, 질병과 생활고에 시달리던 서울 송파구 세 모녀가 집주인 앞으로 "정말 죄송합니다."라는 메모와 함께 그들이 갖고 있던 현금 70만 원을 집세와 공과금으로 남기고 목숨을 끊었다. 상대적으로 아직 젊은 나이인 60세의 어머니와 30대 초·중반의 두 딸은 신자유주의 사회의 잉여인간인 '신용불량자'가 되면서 더 이상 생존할 수 없다는 절망적 불안에 사로잡혔다. 가난 속에서도 성실하게 내온 공과금을 세상을 떠나면서까지 잊지 않고 챙기는 '선량한' 국민을 국가는 챙겨주지 않았다. 그들의 죽음은 국민이 생존의 벼랑 끝으로 내몰리고 있을 때 신용하며 의지하지 못하는 국가야말로 '신용불량자'라는 사실을 드러낸 사건이었다.

한 해가 지나 2015년 1월, 서초구에서 살던 한 중년남자가 실직과 주식투자 실패를 비관해 아내와 두 딸을 살해한 후 자신도 목숨을 끊으려 했다. 충격적이었던 것은 그가 은행에서 대출한 5억 원 중에 투자 실패로 잃은 돈을 제외해도 아직 1억 3천만 원이 계좌에 남아 있었고, 팔아 처분하면 9억에서 10억은 받을 수 있는 아파트도 소유하고 있었다는 사실이다. 대충 계산해보더라도 집을 팔아 은행 빚을 갚고도 최소 7억의 재산이 수중에 남을 텐데, 그는 불안을 이기지 못하고 돌이킬 수 없는 끔찍한 일을 저지른 것이다. 송파 세 모녀 가족이 남긴 '70만 원'과 서초 세 모녀 가족에게 남은 '7억 원' 사이의 현기증 나는 차이를 어떻게 이해해야 할까?

우리를 더 참담하게 하는 것은 송파 세 모녀와 서초 세 모녀의 죽음을 '이해할 수' 있었다는 사실이다. 그들의 비극은 비대칭적이지만 원인은 동일하다. 신자유주의의 안개 속에 서 있는 사람들이 공유하는 '불안'이다. 송파 세 모녀는 가진 것이 없어 불안했고 서초 세 모녀를 살해한 그 남자는 가진 것을 잃게 될까 불안했던 것이 아닐까. 불안을 재는 저울이 있다면, 그 위에서는 70만 원의 무게와 70억 원의 무게가 다르지 않을지도 모른다. 그래서 두 사건에 대한 우리 사회의 반응에는 "어떻게 그럴 수가…" 만이 아니라 "그럴 수도 있겠구나…"도 있었던 것이다. 이처럼 이해 불가능한 비극이 이해 가능한 이유는 신자유주의 체제 안에서 살아가는 우리도 그들과 동일한 불안을 경험하고 있기 때문이다.

두 사건을 통해 보게 되는 불안사회의 또 다른 비극은 가족동반자살 현상이다. 물론, 그런 자살 유형은 가족 구성원 모두의 합의에 따른 것이라기보다는, 서초 세 모녀의 죽음처럼 가장이나 부모의 의지에 따른 것이기 때문에 '동반자살'이라는 표현은 적절하지 않을 수도 있다. 하지만 여기서 더 중요한 것은, 자살을 결심하고 계획하는 사람들이, 자신들이 죽은 후 남게 될 가족을 누군가 돌봐줄 거라고 믿지 않는다는 사실이다. 그러니 남은 가족을 잉여인간으로 비참하게 살게 놔두기보다는 차라리 억지로라도 데리고 세상을 떠나려는 것이다. 절박한 상황에 처했을 때 사회는 물론이고 가까운 친척이나 친지에게도 기대지 못하는 것, 그것이 신자유주의적 불안사회의 지옥 같은 현실이 아닐까.

여기서 '지옥'이라는 표현이 지나치게 들릴 수도 있을 것이다. 하지만 지상에서 지옥을 경험하는 이들이 있다. 당장, 아내와 딸을 살해한 서초구 그 남자만 해도 유서에 이렇게 썼다. "미안해 여보, 미안해 딸아, 천국으로 잘 가렴. 아빠는 지옥에서 죄 값을 치를게." 그는 자살에 실패했고 지옥에 가지 않았다. 하지만 그는 자신의 유서에 쓴 대로 이미 지옥에 와있는 것인지도 모른다. 그가 살아남아 괴로워하며 죄 값을 치르고 있는 이곳이 그에게 지옥이 아니라면 어디가 지옥일까? 안타깝게도, 그 남자만 지옥에 있는 것이 아닌 것 같다. 그 사건이 있었던 해가 가기 전 'Hell-朝鮮'이라는 절망적 표현이 한국사회에 안개처럼 퍼졌다.

한국 역사에서 가장 최근의 집단적 지옥 경험은 세월호 참사일 것이다. 2014년 4월 16일, '편안한 산'으로 둘러싸인 도시 '안산(安山)'의 아이들을 실은 세월호가 짙은 안개 속에 인천항을 떠났다가 진도 앞바다에서 침몰해 304명이 목숨을 잃었다. 많은 이들이 신자유주의가 세월호를 침몰시켰다고 고발하고 규탄했다. 신자유주의 규칙에 충실하여 공공성을 방기한 국가는 국민의 안전을 책임지지 않았고 재난으로부터 아무도 구하지 않았다. 세월호 참사가 우리에게 그토록 커다란 충격과 상처를 남긴 것은 우리가 살아가고 있는 신자유주의 사회 자체가 곧 '세월호'라는 진실을 깨우쳐 주었기 때문이다.

하지만 그 고통의 봄날 우리는 잠깐 "경악"하며 정신을 차렸지만, 저마다 소유하고 있는 "안개의 주식" 때문에 차마 신자유주의 체제 밖으로 뛰어내리지 못하고 체제 안에서 늘 불안하게 살고 있다. 세월호 사회는 여전히 안개 낀 바다 위로 불안과 죽음의 항해를 계속하고 있고, 우리는 세월호 이후에도 세월호 이전처럼 살고 있다. 흔히 말하듯 신자유주의가 세월호를 침몰시켰다면 진정한 의미에서 '세월호 이후'는 시작하지 않았다. 신자유주의는 지금도 이전처럼 위력을 떨치고 있기 때문이다. 촛불혁명도 아직 세월호 이후의 세계를 열지 못했다. 촛불혁명으로 무너뜨린 것은 '박근혜 정권'이지 '신자유주의 체제'는 아니다.

> 어떤 날은 두꺼운 공중의 종잇장 위에
> 노랗고 딱딱한 태양이 걸릴 때까지
> 안개의 군단(軍團)은 샛강에서 한 발자국도 이동하지 않는다.
>
> —「안개」 중에서

신자유주의의 군단은 작은 전투에서 지기도 하고 밀리기도 하지만 전쟁에서는 져본 적이 없다. 어쩌면 우리는 애초부터 이길 수 없는 전쟁에 던져져 있는 것인지도 모른다. 우리 자신이 신자유주의의 군단의 일부이기 때문이다. 우리가 안개의 식구이며 주주이며 병사이면서 안개와 싸워 이길 수는 없는 것이다. 과연 이토록 요동하지 않는 안개 넘어, 세월호 넘어, 신자유주의 넘어의 삶은 불가능한 것일까? 생존 경쟁은 '리얼리티 쇼'만이 아니라 우리의 '리얼 라이프'에서도 어길 수 없는 절대 규칙인 것인가? 그 물음에 대한 답을 찾기 위해 기형도 시인이 살았던 1980년대의 좀더 앞쪽으로, 빛고을 광주의 시간으로 거슬러 올라가보자.

• • • •

안개 넘어: 빛고을의 "절대공동체"

그 일이 터졌을 때 나는 먼 지방에 있었다
먼지의 방에서 책을 읽고 있었다
문을 열면 벌판에는 안개가 자욱했다

—기형도, 「입 속의 검은 잎」 중에서

1980년 5월 18일, 광주에서 "그 일이 터졌을 때" 대학생이었던 시인은, 몇 해가 지나 광주 망월동 묘지를 다녀온 후 깊은 죄책감과 부끄러움 속에 「입 속의 검은 잎」을 썼다고 한다. 그곳에 잠든 영혼들이 아직 몸을 입고 있던 1980년 봄, 서양에서는 신자유주의가 사람들을 생존의 벼랑 끝으로 내몰고 있었고, 한반도의 남쪽 도시 광주에서는 신군부가 무고한 시민들을 죽음으로 몰아넣고 있었다.

흔히 한국에서의 신자유주의 체제가 1997년 IMF 금융위기 이후에 본격화되었다고 여기지만, 앞에서 1985년 1월 하이에크와 기형도의 기이한 교차를 언급했듯이, 이미 1980년대부터 한국사회도 신자유주의의 영향권 안으로 들어가고 있었다. 실제로 하이에크는 유신 말기인 1978년에 〈전국경제인연합회〉 초청으로 한국을 방문하여 '경제 구루' 대접을 받으며 신자유주의 사상을 설파한 바 있다. 그렇다면 신자유주의와 광주학살 사이에도 어떤 연관성이 있지 않았을까? 이에 대해 광주항쟁을 연구한 미국인 사회학자 조지 카치아피카스는 신군부의 광주시민 학살은 "한국의 신자유주의적 축적 체제를 강요한 피비린내 나는 시작"이었다고 주장한다.(Katsiaficas: 202) 광주학살의 비극이 신자유주의의 세계 지배를 위한 거대한 계획의 일부였는지는 더 정교하고 철저한 역사적 연구가 필요하겠지만, 그때 그 곳의 사람들이 신자유주의가 강요하는 경쟁주의와 개인주의 이념과 근본적으로 다른 공동체적 삶을 실현했다는 사실이 중요하다.

강산이 서너 번은 바뀌었을 시간이 흘렀는데도, 5.18의 고통을 말하는 것은 여전히 어려운 일이다. 광주학살의 진상규명과 책임자 처벌이 아직도 완전히 이루어지지 않았고, 그래서 죽은 자도 산 자도 온전히 해원(解寃)하지 못한 채 그날의 고통을 지금도 계속 겪고 있기 때문이다. 이 글의 "여는 말"에서 언급한 것과 비슷한 맥락에서 본다면, 현재진행형 고통을 말하기에 적합한 언어는 철학이나 신학이나 사회학보다는 문학일지도 모른다. 문학 언어 중에서도 고통 가장 가까이서 말할 수 있는 언어는 시다. 시인들은 '동일시'의 특권이자 형벌을 받고 있는 존재이기 때문이다. 그래서 시인 김준태는 1980년 5월 27일 계엄군이 광주 시민의 저항을 무참히 진압한 지 불과 며칠 뒤인 6월 2일 『전남매일신문』에 「아아 光州여! 우리나라의 十字架여!」를 발표했고, 그 시로 인해 보안사에 끌려가 고초를 겪고 나오자마자 「우리는 하느님을 보았다」라는 제목의 시를 '쓸 수밖에' 없었을 것이다.

시인 다음으로 고통 앞에서 입을 열 수 있는 이들은 이야기꾼인 소설가일 것이다. 소설에는 여러 방언(方言)이 있다. 황석영, 이재의, 전영호 등이 함께 쓴 『죽음을 넘어 시대의 어둠을 넘어』(1985)처럼 광주의 고통을 르포타주처럼 기록하여 전하는 언어도 있고, 홍희담의 『깃발』(1988)처럼 광주의 정신을 계급적 관점에서 기념하며 계승하는 언어도 있고, 임철우의 『봄날』(1997)처럼 그 해 오월의 열흘 동안 광주에서 있었던 일을 치열하게 기억하며 재현하는 언어도 있다. 그렇게 오월 광주를 말하는 여러 소설 중 가장 최근에 나온 한강의 『소년이 온다』(2014)도 죽은 자와 산 자의 고통을 이야기함으로써 우리를 1980년 5월의 광주로 데려간다.

'쨍' 하고 금이 간 영혼

한강의 『소년이 온다』는 1980년 5월 27일 도청에 끝까지 남았다가 죽임당한 열다섯 살 소년 시민군 강동호와 그를 기억하는 이들의 기억과 증언을 담아낸 소설이다. 이 소설에는 논픽션 요소도 들어있다. 한강은 『소년이 온다』의 「에필로그」에서, 동호는 어린 시절 자신이 살았던 광주 중흥동 집에 뒤이어 이사 들어와 살았던 소년으로, 당시 교사였던 한강의 아버지가 가르쳤던 학생이었다고 쓰고 있다. 한강은 아버지와 막내고모의 숨죽인 대화를 들으면서 광주학살과 동호에 대해 알게 되었고, 훗날 동호의 둘째 형을 직접 만나 "아무도 내 동생을 더 이상 모독할 수 없도록 써"달라는 부탁을 받은 후 이 소설을 쓰기 시작했다고 이야기한다.

『소년이 온다』에서 한강이 화두처럼 붙들고 씨름하는 물음은 소년 동호가 왜 시민군이 되었고 왜 도청에 끝까지 남는가다. 그는 민주주의를 위해 죽음을 각오하고 싸운 '소년 전사'였을까? 그런 것 같지 않다. 소설 속의 한 시민군은 도청에 함께 남았던 소년들을 다음과 같이 기억한다. "총을 메고 창 아래 웅크려 앉아 배가 고프다고 말하던 아이들, 소회의실에 남은 카스텔라와 환타를 얼른 가져와 먹어도 되느냐고 묻던 아이들이, 죽음에 대해서 뭘 알고 그런 선택을 했겠습니까?" 그렇다면 소년 동호를 끝까지 도청에 남게 한 것은 무엇이었을까? 동호는 학살이 처음 있던 날, 친구 정대와 함께 정대의 사라진 누나 정미를 찾아 나섰다가 시민들의 시위에 합류한다. 얼마

뒤 계엄군의 총격이 있었고, 동호는 총을 맞고 쓰러진 정대의 손을 놓치고 달아난다. 그리고 군인들이 정대의 시신을 끌고 가는 것을 먼발치에서 겁에 질려 바라본다. 그런데 나중에 시신들이 안치되어 있는 상무관을 찾아 온 동호는 정대가 총에 맞는 것을 동네 사람들이 보았다는 말을 전해 듣고 왔다고 이야기한다. 사실이 아니다. 동호는 정대가 총을 맞는 것을 바로 옆에서 보았고, 군인들이 정대의 시신을 끌고 간 것도 자기 눈으로 직접 보았으니까. 아마도 쓰러진 친구를 버리고 도망친 죄책감이 그의 기억을 왜곡했을 것이다. 동호는 자신을 용서하지 못한다. 그래서 시신들이 누워 있는 상무관에서 자신에게 혹독하게 말한다. "아무것도 용서하지 않을 거다. 나 자신까지도." 그 죄책감이 그를 죽어 있는 이들이 있는 상무관과 죽어갈 이들이 있는 도청을 떠나지 못하게 한 것이다.

동호와 함께 상무관과 도청을 지켰다가 죽지 않고 살아남은 이들도 죄책감에 시달린다. 상무관에서 시신을 수습하는 자원봉사를 하고 있던 여고생 김은숙과 여성노동자 임선주는 반 쯤 넋이 나간 채 죽은 친구를 찾아 헤매던 동호에게 '하루만' 자기들을 도와달라고 부탁한다. 그것이 계기가 되어 동호는 '마지막 날'까지 도청에 남았다가 목숨을 잃은 것이었다. 훗날 선주는 비통하게 말한다. "동호야. […] 내 책임이 있는 거야, 그렇지? […] 내가 집으로 가라고 했다면, 김밥을 나눠 먹고 일어서면서 그렇게 당부했다면 너는 남지 않았을 거야, 그렇지? 그래서 나에게 오곤 하는 거야? 왜 아직 내가 살아있는지

물으려고." 은숙도 결코 끝나지 않는 죄책감 속에, 편집하고 있던 희곡의 문장을 고통스럽게 되뇐다.

> 네가 죽은 뒤 장례식을 치르지 못해
> 내 삶이 장례식이 되었다.

동호와 함께 있었던 대학생 김진수는 도청에서 체포된 후 상무대로 끌려가 끔찍한 고문과 학대를 당한다. 군인들이 수감자들의 인간성을 지워버리기 위해 사용한 방법 중 하나는 두 사람이 한 식판으로 한 줌의 밥을 나눠 먹게 하는 것이었다. 진수도 도청을 함께 지켰던 한 시민군 수감자와 서로를 "짐승"의 눈으로 노려보며 밥을 먹는다. 바로 얼마 전까지 서로를 위해 목숨을 내어 놓으려 했던 '동지'들이 "밥알 하나, 김치 한 쪽" 때문에 싸우기도 한다. 소년 시민군 영재는 싸우는 어른 시민군 수감자들을 말리며 말한다. "그, 그러지 마요. … 우, 우리는…… 주, 죽을 가, 각오를 했었잖아요." 상무대에서 풀려난 후 영재는 몇 번의 자살 기도 끝에 정신병원에 들어가고, 죽지 않고 살아남은 죄책감과 인간 이하의 존재가 되었던 부끄러움을 견디지 못한 진수는 스스로 목숨을 끊는다.

이처럼 피해자들은 죄책감과 부끄러움으로 괴로워하며 살아왔는데 가해자들은 아무런 참회도 없이 잘 살고들 있다. 소설 속 이야기가 아니다. 2017년 4월 초 사회적 논란 속에 『전두환 회고록』이 발간

되었다. 그 회고록에서 전두환은 〈광주민주화운동〉이라는 공식 명칭조차 부정한 채 자신은 '광주사태'에 대해 책임이 없으며, 비무장 민간인에 대한 살상도 없었다고 주장했다. 그리고 자신은 "치유와 위무를 위한 씻김굿에 내놓을 제물"이라는 이상한 말까지 덧붙였다.

역사는 대조를 통해 본질을 폭로하는 것일까? 『전두환 회고록』이 나온 바로 그 달에 광주 시민군 출신 의사 강용주의 보안관찰법 위반에 대한 재판이 있었다. 5.18 당시 고등학생이었던 강용주는 시민군에 참여해 도청에 남았다가 마지막 순간 두려움 때문에 도청에서 빠져나왔다. 도망쳐서 살아남았다는 죄책감에 시달리며 방황하던 그는 몇 년 후 의대생이 되어 학생운동에 투신한다. 그러다 국가안전기획부가 1985년 기획·조작한 〈구미유학생간첩단〉 사건으로 체포되어 35일 동안 혹독한 고문을 당한 후, 안기부가 시키는 대로 방송에서 거짓 자백을 한다. '전두환 장군' 때 두려움 때문에 도청에서 도망친 죄책감과 '전두환 대통령' 때 고문 때문에 거짓 자백을 한 부끄러움으로 괴로워하던 그는 더 이상 자신의 인간적 존엄성을 파괴당하지 않기 위해 전향제도와 준법서약제도를 거부하며 목숨 건 옥중투쟁을 벌인다. 그렇게 "세계 최연소 비전향 장기수"로 14년 형을 살고 석방된 후에도 "보이지 않는 감옥"인 보안관찰법에 맞서 싸우다, 하필이면 『전두환 회고록』이 출간된 그 달에 재판을 받은 것이다. 강용주는 피고인 모두진술에서 다음과 같이 말한다.

[…] 5월 27일 새벽 4시경, 도청이 계엄군에 의해 점령되어 시민군들이 체포돼 끌려 나오는 것을 보고 총을 버리고 도망쳤습니다. 그날 이후 저의 영혼은 '쨍'하고 금이 가버렸고, '살아남은 자'로서 견디기 힘든 아픔과 부끄러움, 죄스러움에 시달렸습니다.

우리는 학살의 책임자면서도 부끄러움과 죄의식 없이 살아온 전두환과 국가폭력의 피해자면서도 영혼에 '쨍'하고 금이 간 채 "아픔과 부끄러움, 죄스러움"에 시달리며 살아온 강용주를 동시에 목격한 것이다.

이처럼 광주에서 죽어간 이들, 살아남은 이들이 죄책감과 부끄러움으로 괴로워하는 것은 한편으로는 비극이지만, 다른 한편으로는 그들의 인간성을 드러내 주는 증거이기도 하다. 부서질 수 있는 영혼은 오직 양심 있는 인간만이 가질 수 있는 것이기 때문이다. 『소년이 온다』의 진수도 영혼이 부서진 경험을 이야기한다. "예전에 우린 깨지지 않은 유리를 갖고 있었지. 그게 유린지 뭔지 확인도 안 해본, 단단하고 투명한 진짜였어. 그러니까 우린, 부서지면서 우리가 영혼을 갖고 있었단 걸 보여준 거지. 진짜 유리로 만들어진 인간이었단 걸 증명한 거야."

부서지면서 자신들의 인간성을 입증하는 사람들은 부서져 금이 간 틈으로 서로를 만나고 돌보고 사랑한다. 역설적으로, 영혼의 부서짐을 느낄 정도로 자신의 '죄성'을 자각하는 사람들만이 그들의 선한 인간성을 실현할 수 있는 것인지도 모른다. 그것이 죄책감으로 부서져 금이 간 영혼의 강동호와 강용주가 "틈과 균열을 책임지고 메우는 윤리적 주체"(이상철, 40)가 될 수 있었던 이유인 것이다. 이처럼, 오월의 빛고을에서 죽은 자들과 살아남은 자들이 우리에게 아프면서도 아름답게 가르쳐주는 것은, 인간은 영혼을 갖고 있기에 부서질 수 있으며, 그 부서짐이 있어 인간의 선이 빛날 수 있다는 것이다. 음유시인 레너드 코언(Leonard Cohen)의 노래처럼.

There is a crack in everything;

that's how the light gets in.

모든 것에는 부서져 금이 간 틈이 있지.

바로 그 틈으로 빛이 들어오는 거야.

-「Anthem(찬가)」 중에서

선의 신비

악과 싸우는 사람들은 악이 무엇/누구인지, 악의 원인이 무엇인지, 악이 어떻게 작동하는지 이해하려 한다. 이해되지 않는 악은 더 큰 불안과 공포를 불러일으키기 때문이다. 그런데 한강은 『소년이 온다』에서 악에 대한 이해를 시도하지 않는다. 피해자인 동호, 은숙, 선주, 진수, 동호 어머니, 시민군의 목소리가 있고, 심지어 죽은 정대의 혼까지도 "왜 나를 쐈지, 왜 나를 죽였지?" 물으며 목소리를 내지만, 가해자의 목소리는 없다. '전지적 작가 시점'에서 가해자의 목소리를 들려줌으로써 왜 쏘았는지 왜 죽였는지 알게 할 수도 있을 텐데, 한강은 "특별하게 잔인한 군인들"의 목소리를 들려주지 않는다.

가해자의 목소리가 없는『소년이 온다』는 아우슈비츠 생존자 프리모 레비의 통찰을 떠올리게 한다. 레비는 아우슈비츠에서 있었던 일은 "이해할 수 없을 뿐만 아니라 이해되어서도 안 되는 것인지도 모른다."고 한다. 왜냐하면, "이해한다는 것은 거의 정당화하는 것과 같기 때문이다."(레비, 301–302) 어떤 형태로든 홀로코스트를 이해한다는 것은 그것을 '있을 수 있는 일'로 정당화한다는 것이다. 마찬가지로 광주학살을 신군부의 권력안정화를 위한 "전시적 폭력"으로 이해하든, 신자유주의의 지옥문을 연 "피비린내 나는 시작"으로 이해하든, 인간의 근원적 악의 발현으로 이해하든, 그 어떤 이유로든 '이해한다면' 학살은 '있을 수 있는 일'이 되어버리는 것이다. 그래서『소년이 온다』는 가해자에게 목소리를 의도적으로 소거함으로써 5.18은 결코 '있어서는 안 될' 절대악임을 폭로한 것인지도 모른다.

『소년이 온다』는 '5.18의 악'에 대한 이해는 거부하지만 '5.18의 선'에 대해서는 많은 이야기를 한다. 다가오는 죽음의 공포 속에서 동호, 은숙, 선주, 진수는 한 가족처럼 서로를 챙긴다. 5.18 광주를 기억하면서 우리가 놀라게 되는 것은 광주 시민이 고통의 한 가운데서 죽음의 두려움조차 넘어 거대한 가족 같은 공동체를 실현했다는 사실이다. 다음은 소설 속 한 시민군의 증언이다.

그 사이 얼마나 많은 사람들이 시가전에서 희생되었는지 난 알지 못합니다. 기억하는 건 다음날 아침 헌혈하려는 사람들이 끝없이 줄을 시 있던 병원들의 입구, 피 묻은 흰 기운에 들것을 들고 폐허 같은 거리를 빠르게 걷던 의사와 간호사들, 내가 탄 트럭 위로 김에 싼 주먹밥과 물과 딸기를 올려주던 여자들, 함께 목청껏 부르던 애국가와 아리랑뿐입니다. 모든 사람이 기적처럼 자신의 껍데기 밖으로 걸어 나와 연한 맨살을 맞댄 것 같던 그 순간들 사이로, 세상에서 가장 거대하고 숭고한 심장이, 부서져 피 흘렸던 그 심장이 다시 온전해져 맥박 치는 걸 느꼈습니다. 나를 사로잡은 건 바로 그것이었습니다. 선생은 압니까, 자신이 완전하게 깨끗하고 선한 존재가 되었다는 느낌이 얼마나 강렬한 것인지. 양심이라는 눈부시게 깨끗한 보석이 내 이마에 들어와 박힌 것 같은 순간의 광휘를.

실제로, 끔찍한 학살을 직접 목격하거나 전해듣고도 오히려 시민들은 거리로 더 쏟아져 나와 군인들의 총구 앞에 섰다. 서로를 살리기 위해 피를 나누고 음식을 나누었다. 치안을 담당할 국가조직이 부재했고 총기를 소지한 이들이 많았는데도 광주에서는 약탈과 폭동이 일어나지 않았다. 계엄군이 시 외곽을 막은 고립상태에서 식량과 생필품이 부족했을 텐데도 매점매석이나 폭리를 취하는 이들이 없었고, 평상시처럼 장이 열렸다. 이처럼 고립과 절망의 열흘 동안 광주 시민들이 "기적처럼" 실현한 공동체적 삶은 '신비'하게 여겨지기까지 한다. 사회학자 최정운은 그 비현실적인 현실을 사회과학적 언어만으로는 온전히 설명할 수 없어서 "절대공동체"라는 종교적 표현을 사용한다.

> 5.18이 우리 근대사뿐만 아니라 인류 역사에서 갖는 의미의 핵심은 이 절대공동체의 체험일 것이다. 그곳에는 사유재산도 없었고, 목숨도 내 것 네 것이 따로 없었고 시간 또한 흐르지 않았다. 그곳에는 중생의 모든 분별심이 사라지고 개인들은 융합되어 하나로 존재했고 공포와 환희가 하나로 얼크러졌다. 그곳은 말세의 환란이었고 동시에 인간의 감정과 이성이 새로 태어나는 태초의 혼미였다. 그런 곳은 실제로 이 땅에 있었고 많은 사람들이 거기에 있었다.(최정운: 99-100)

오월 광주에는 "유한성(finitude)이 극복되고 시간이 아무런 의미를 갖지 않는 영원한 공간", "세속적 감각과 번뇌로부터의 해방", "성령의 계시처럼 이루어진 내면적 과정", "성스러운 초자연적 체험"(최정운, 152; 157)과 같은 종교적 수사로 설명할 수밖에 없을만큼 신비한 면이 있었다는 것이다.

여기서 중요한 것은, 절대공동체를 실현한 광주 시민들이 생사의 문제를 초월한 신비가나 민주주의에 대한 숭고한 열망과 영웅적 희생정신으로 역사의 현장에 뛰어든 혁명가가 아니라 우리와 다름없는 평범한 사람들이었다는 사실이다. 그들이 죽음의 두려움을 넘어 하나가 된 것도 비범한 결단과 철저한 준비의 결과가 아니었다. 한강은 은숙과 선주는 "피가 부족해 사람들이 죽어간다는 가두방송을 듣고 각자 헌혈을 위해 전남대 부속병원에 갔고, 시민자치가 시작된 도청에 일손이 필요하다는 말을 듣고 왔다가 얼결에 시신들을 돌보"았다고 쓴다. 여기서 "얼결에"라는 표현이 절대공동체의 본질을 드러낸다. 평범한 그들이 양심상 차마 남의 고통을 못 본 척 할 수 없어서, "얼결에" 서로 돌보고 사랑하다 목숨까지 내어준 것이다. 이처럼 평범한 사람들의 비범한 사랑이 절대공동체의 신비인 것이다.

절대공동체의 사람들은 '죽음'은 넘어섰지만 '죽임' 앞에서는 무력했다. 그들은 국민을 죽이기 위해 국가가 투입한 군대와 싸워 이길 수 없었다. 1980년 5월 27일 새벽, 도청에 남았던 이들은 죽임 당하거나 체포되었다. 그러나 그들의 죽음과 패배는 헛된 것이 아니었다. 정치학자 최장집은 광주항쟁 7년 후 1987년 6월 민주화운동 당시 전두환 정부가 군대를 동원한 무력 사용을 진지하게 검토한 사실을 지적하면서 다음과 같이 주장한다.

> 그때 군사력의 동원이 가져올 결과가 무엇인지를 말해주는 것이 광주항쟁이었다. 군사력의 동원은 필연적으로 대규모 유혈사태를 초래하고 그 결과 감당할 수 없는 정치적 비용을 요구하는 결정이 아닐 수 없었다. 당시의 조건에서 그 경우 1980년 광주의 수십 배의

저항과 희생을 가져올 것이라는 사실은 누구의 눈에도 분명했다. 7년 전의 광주는 전두환 정부의 결정을 어렵게 하고 미국의 개입을 가능케 했던, 결정적으로 중요한 역사적 제약조건으로 작용했다.(최장집: 146-147)

군부독재는 평범한 광주 시민이 가공할 화력의 군대 앞에서도 도피하거나 굴종하지 않고 일어나 저항한 5.18을 경험했기에, 7년 후에 전국적 6.10 민주화운동이 일어났을 때 군대를 동원할 수 없었다는 것이다. 그렇다면, 1980년에 죽임당한 소년 동호와 광주시민이 1987년의 민주시민과 2016년의 촛불시민을 죽임으로부터 보호해 주고 구원해 준 것이라고 할 수 있다.

여기서 한 가지 강조해야 할 것은, 절대공동체는 지속될 수 있는 '제도'가 아니라 일시적, 예외적으로 경험되는 '사건'이라는 점이다. 역설적으로, 절대공동체는 절대적이지 못하다. 유리처럼 부서지기 쉽다. 최정운도 이미 '해방광주'의 시점에서 "절대공동체는 안과 밖에서 균열을 보이기 시작했다"고 지적한다.(최정운, 169) 최초의 사흘이 지나자 하나로 존재했던 절대공동체가 '일반시민'과 '시민군', '수습파'와 '항쟁파' 등으로 나뉘기 시작한 것이다. 그러나 지속될 수 없는, 제도화될 수 없는 '사건성'이 절대공동체의 '절대'이다. 역사의 진행과정에 따라 5.18의 의미는 왜곡되기도 하고 망각되기도 하지만 그날의 광주시민이 이기적 자아를 넘어, 죽음의 공포를 넘어 하나 되었던 사건의 경험은 한국인의 영혼 깊은 곳에, 앞에서 한 시민군이 말한 것처럼 "양심이라는 눈부시게 깨끗한 보석"으로 박혔기 때문이다. 그래서 우리 사회가 고통의 바다에 가라앉을 때마다 절대공동체 사건의 기억이 사회의 영혼 깊은 데로부터 올라와 우리의 양심을 불러일으키는 것이다. 2014년 4월 16일의 그 아침처럼.

'5.18 엄마'가 '4.16 엄마'에게

2014년 세월호 참사는 1950년 한국전쟁이나 1980년 광주학살만큼 한국역사의 커다란 상흔이다. 차이가 있다면, 광주에서 일어난 일은 지역적 사건으로 오랫동안 고립되고 은폐되고 왜곡되었지만, 세월호에서 일어난 일은 실시간으로 생중계되면서 처음부터 전국적, 국제적 사건이 되었다는 사실이다. 공통점은 세월호 참사에서도 절대공동체가 실현되었다는 것이다. 기울어가는 배에 버려진 아이들은 극심한 불안과 공포 속에서도 서로를 안심시키려, 구하려 애썼다. 생존학생 반세윤은 물이 선실로 밀려들어오는 순간 서로를 구하려던 친구들의 모습을 이렇게 기억한다.

"너 먼저 올라가." 서로 막 다 먼저 올라가라고. 바닥에 디딜 데도 없고 올라가려면 잡을 데가 있어야 하는데. 그러니까 서로 어깨 밟으라고 하면서 올라가고. 먼저 올라간 애가 밑에 애 끌어올려주고. 애들 손이 다 멍들고. (416세월호참사 작가기록단, 57)

가정폭력에 시달리다 집을 나와 '그룹홈'에서 지내던 조태준은, 급속도로 물이 차오르는 것을 보면서, '살아 돌아가도 똑같은 폭력을 겪을'테니 차라리 삶을 포기하는 게 낫겠다 생각하며 가만히 있는다. 그러다, 고장 난 구명조끼를 입고 있는 여학생을 보며 생각한다. '나는 이런 가정에서 너무 많은 걸 겪었기 때문에 죽는 게 두렵지 않다. 나는 힘든 걸 겪었지만 이 사람들은 겪지 않았으면⋯' 그리고 '나보다는 저 사람이 더 중요하다'는 생각에 이르게 되고, 그 여학생을 구하고 자신도 살아 돌아왔다.(416세월호참사 작가기록단, 80) 친구를 위해 목숨을 버린 아이들도 있었다. 정차웅은 자기 구명조끼를 친구에게 벗어주고 또 다른 친구를 구하기 위해 검고 차가운 물속으로 뛰어들었다가 목숨을 잃었다. 심지어 여섯 살 권혁규는 다섯 살 동생에게 자기 구명조끼를 벗어 입혀주고, 엄마 아빠를 찾아오겠다고 뛰어가서는 끝내 돌아오지 못했다. 5.18의 시민들이 그랬던 것처럼 4.16의 아이들도 극한적 고통 속에서 서로를 돌보고 사랑하는 절대공동체를 실현한 것이다.

　　어쩌면 참사가 있은 후 그 모든 비참의 광경을 두 눈으로 지켜보며 괴로워하던 우리도 절대공동체의 일원이었는지도 모른다. 그 순간 우리 모두 아이들의 부모였고 자매형제였기 때문이다. 그때는 보수와 진보의 차이도 없었고, 힘 있는 자와 힘없는 자, 부유한 자와 가난한 자의 차이도 없었다. 온 사회가 한 가족이었다. 안개의 성채에서 드높이 휘날리던 경쟁주의와 개인주의의 깃발도 마지못해 한 폭을 내려 조기로 펄럭였다. 함민복 시인의 탄식처럼 "숨 쉬기도 미안한 사월"에 우리의 영혼은 '쨍'하고 금이 갔다. 그 고통의 봄날, 우리는 그렇게 부서지면서 절대공동체를 집단적으로 다시 경험한 것이 아닐까.

절대공동체는 갑자기 섬광처럼 나타났다 곧 집단 영혼의 깊은 데로 들어가지만, 고통의 자리를 떠나지 않고 양심의 불씨를 지키며, 불씨가 되어 살아가는 사람들이 있다. 삶이 "장례식"이 되어버린 유가족이다. 아픔이 아픔을 알아차리고 다가가고 껴안는다. 살아도 사는 게 아닌 고통을 먼저 겪은 '오월 엄마들'이 진도 팽목항을 찾아와 '사월 엄마들'을 끌어안고 말했다. "당신 원통함을 내가 아오. 힘내소, 쓰러지지 마시오." 아픔의 연대는 상호적이다. 세월호 유가족도 그 동안 몰랐던 혹은 잊었던 오월 광주 유가족의 고통을 새롭게 알아차리고 기억하고 미안해했다. 그리고 2017년 5월, 세월호 유가족이 광주 민족민주열사묘역을 찾았을 때, 1987년 '유월 엄마'인 이한열 열사의 어머니 배순심 여사가 가슴으로 말했다. "우리는 노란옷 가족이 됐다. 가족의 힘으로 이 나라가 밝아질 수 있도록 힘내시고 우리 애들 모습 잊지 마시라. [⋯] 너무 아프지만 가슴 속에 간직하면서 자식들 얼굴 그려가면서 살아가자." 이렇게 1980년과 1987년과 2014년에 자식을 잃은 어머니들이 시간의 강을 건너 하나의 "노란옷 가족"이 된 것이야말로 절대공동체가 보여준 선의 신비일 것이다.

그런 선의 신비의 절정은 고통 받는 자가 자신의 고통을 초월하여 타인의 고통에 참여하고 치유하는 것이다. 5.18 유가족과 4.16 유가족은 그런 초월의 신비를 삶으로 보여주었다. 특히 이 시대 "고통 받는 이들 중의 고통 받는 이들"인 세월호 유가족은 사회적 고통의 현장을 찾아다니며 연대하고 있다. 그들은 백남기 농민과 함께 거리에서 물대포를 맞았고, 해고·파업 노동자들의 투쟁 현장에 있었고, 강정마을에 있었고, 젠트리피케이션의 피해자들과 함께 있었고, 성소수자들을 응원했고, 촛불혁명의 제일 앞에 있었다. 영혼에 금이 간 세월호 유가족이 부서진 영혼의 다른 사람들에게 다가가 함께 아파하며 연대하는 "윤리적 주체"가 된 것이다. 이처럼 '5.18 엄마들'이 '4.16 엄마들'을 찾아가고, 다시 '4.16 엄마들'이 고통 받는 다른 엄마들을 찾아가는 선의 연쇄반응은 인간은 고통에 갇혀 고립되지 않고 고통을 통해 연대할 수 있는 자기초월적 존재임을 믿게 해 준다. 인간에 대한 그 믿음으로 〈416 합창단〉의 유가족은 고통 받는 다른 인간을 찾아가 노래 부른다.

> 아픔을 함께하고 기쁨을 나누며
> 한 걸음씩 나아가자 인간의 길로
> 삶의 괴로움을 날개로 바꾸어
> 생명의 숭고함을 노래에 가득 실어
> 나는 부르리 평화의 노래를
> 함께 부르자 인간의 노래
>
> — 야마노키 다케시, 「인간의 노래」 중

맺는 말: 기억과 동행

우리는 아직 안개 속에 있다. 불안의 안개는 1980년 5월의 광주에서도, 2014년 4월의 진도 앞바다에서도, 그리고 오늘의 한국사회에서도 계엄군처럼 우리를 포위하고 있다. 초미세먼지처럼 더 은밀하고 더 치명적인 신자유주의의 안개는 우리를 더 깊은 불안 속으로 몰아넣는다. 하지만 우리는 안다. 이 불안은 죄책감과 양심 때문에 도청에 끝까지 남았던 이들도, 세월호 안에서 서로 의지했던 아이들도 느꼈을 거라는 사실을. 우리는 안다. 평범한 그들이 "얼결에" 서로의 고통에 참여하고, 끝까지 남고, 서로를 위해 자기 목숨을 내놓으며 절대공동체를 실현했다는 사실을. 그 사실이 살아남은 우리를 부끄럽게 하면서도 희망을 갖게 한다. 그들도 우리처럼, 아니 우리도 그들처럼 평범하고 연약한 존재이기 때문이다.

희망의 장소는 고통의 바깥이 아니라 고통의 한 가운데다. 소년 동호의 어머니는 봄이 올 때마다, 아니 계절마다 찾아오는 고통에 몸과 마음이 다 부서진다. "봄이 오면 늘 그랬드키 나는 다시 미치고, 여름이면 지쳐서 시름시름 앓다가 겨울에 겨우 숨을 쉬었다이. 그러다가 겨울에는 삭신이 얼었다이. 아무리 무더운 여름이 다시 와도 땀이 안 나도록, 뼛속까지 심장까지 차가워졌다이." 하지만 동호 어머니는 죽은 아들을 안고 슬픔으로 돌처럼 굳어버린 '피에타'의 석상으로 주저앉지 않고, '오월 어머니'로 일어나 아들의 명예를 회복하기 위해 싸운다. 어느 날 '그 군인 대통령', '그 살인자'가 광주에 온다는 소식을 들은 동호 어머니는 다른 유가족과 함께 시위에 나선다. 하지만 경찰에 의해 순식간에 진압되고 전경차에 실려 국도변 여기저기에 한 명씩 흩어 버려진다. 그래도 동호 어머니와 유가족은 "다시 […] 모여서 서로 등을 문지를 때까지, 추위에 퍼레진 입술들을 들여다볼 때까지" 걷고 또 걷는다. 그렇게 살아남은 어머니의 치열한 기억과 걸음을 통해 동호는 체제의 희생자가 아니라 체제 밖으로 우리를 이끄는 인도자가 된다.

네가, 여섯살, 일곱살 묵었을 적에, 한시도 가만히 안 있을 적에, 느이 형들이 다 학교 가버리면 너는 심심해서 어쩔 줄을 몰랐제. 너하고 나하고 둘이서, 느이 아부지가 있는 가게까지 날마다 천변길로 걸어갔제. 나무 그늘이 햇빛을 가리는 것을 너는 싫어했제. 조그만 것이 힘도 시고 고집도 시어서, 힘껏 내 손목을 밝은 쪽으로 끌었제. 숱이 적고 가늘디가는 머리카락 속까장 땀이 나서 반짝반짝함스로. 아픈 것맨이로 쌕쌕 숨을 몰아쉼스로. 엄마, 저쪽으로 가아, 기왕이면 햇빛 있는 데로. 못이기는 척 나는 한없이 네 손에 끌려 걸어갔제. 엄마아, 저기 밝은 데는 꽃도 많이 폈네. 왜 캄캄한 데로 가아, 저쪽으로 가, 꽃 핀 쪽으로.

죽어간 이들, 살아남아 고통을 겪는 이들의 이야기를 듣고 전하며 한강은 고백한다. "그들이 희생자라고 생각했던 것은 내 오해였다. 그들은 희생자가 되기를 원하지 않았기 때문에 거기 남았다." 세월호 참사로 목숨을 잃은 박성호의 누나 박보나도 "우리 아이들이, 수학여행을 가다 세상을 떠난 불쌍한 아이들이 아니라 세상을 바꾼 아이들로 기억되길 바랍니다."라고 말한다. 어제의 그들이 "불쌍한 아이", "희생자"로 남지 않게 하려면 오늘의 우리가 해야 할 일이 있다. 그것은 동호의 어머니가, 세월호 유가족이 삶으로 보여준 것처럼 죽은 이들을 기억하고 그들과 동행하는 것이다.

우리는 해마다 5.18과 4.16을 다시 맞으며 죽은 이들을 기억하며 동행할 것이다. '기억한다(remember)'는 것은 다시(re) 한 공동체의 구성원(member)이 되는 것이다. '동행한다'는 뜻의 영어 단어 'accompany'도 라틴어 어원으로 풀어보면 함께(cum) 빵(panis)을 먹는 것, 즉 '식구(食口)'가 되는 것이다. 우리는 기억과 동행을 통해 과거 세대의 선한 사람들과 다시 하나가 되고 한 식구가 된다. 그렇게 기억하고 동행하다 보면 우리는 '소년'을 만날 것이다. 그 소년이 광주 이후, 세월호 이후에도 불안의 안개 속에서 살아가고 있는 우리를 "햇빛 있는 데로", 선의 신비가 꽃처럼 피어나는 곳으로 인도할 것이다. 그곳에서 소년과 우리 사이의 "은밀한 약속"이 실현될 것이다.

참고문헌

416세월호참사 작가기록단, 『다시 봄이 올 거예요: 세월호 생존학생과 형제자매 이야기』, 창비, 2016.

누스바움, 마사, 『시적 정의: 문학적 상상력과 공적인 삶』, 박용준 옮김, 궁리출판, 2013.

레비, 프리모, 『이것이 인간인가』, 이현경 옮김, 돌베개, 2007.

바우만, 지그문트, 『쓰레기가 되는 삶들: 모더니티와 그 추방자들』, 정일준 옮김, 새물결, 2008.

바우만, 지그문트, 『방황하는 개인들의 사회』, 홍지수 옮김, 봄아필, 2013.

최장집, 「한국 민주주의와 광주항쟁의 세 가지 의미」, 『아세아연구』, 제50권 2호, 2007.

최정운, 『오월의 사회과학』, 풀빛, 1999.

한강, 『소년이 온다』, 창비, 2014.

Katsiaficas, Georgy, "Neoliberalism and the Gwangju Uprising", 『민주주의와 인권』, 제6권 2호, 2006.

Roth, April L. "Contrived Television Reality: Survivor as a Pseudo-event," In Survivor Lessons: Essays on Communication and Reality Television, edited by Matthew J. Smith, Andrew F. Wood, Jefferson, N.C.: McFarland & Company, 2003.

아픔넘어

아픔넘어

고통의 인문학

아픔 넘어

초판 인쇄: 1판 1쇄 2019년 10월 28일
초판 발행: 1판 1쇄 2019년 11월 5일

지 은 이 유기쁨 이상철 정경일 최순양
펴 낸 이 조성길
펴 낸 곳 인터하우스

출판등록 제 2014-000135호

주   소 서울시 마포구 잔다리로 35 서운빌딩 403호
전   화 02-6015-0308
팩   스 02-3141-0308
이 메 일 inter_house@daum.net

I S B N 979-11-954353-7-1   03200